2021年辽宁省教育科学"十四五"规划部分成果（JG21DB492）

俄罗斯冬季项目体育后备人才培养体系的研究与启示

刘红华　著

人民体育出版社

图书在版编目（CIP）数据

俄罗斯冬季项目体育后备人才培养体系的研究与启示/刘红华著. -- 北京：人民体育出版社，2024
ISBN 978-7-5009-6351-6

Ⅰ.①俄… Ⅱ.①刘… Ⅲ.①冬季运动－竞技体育－后备力量－人才培养－研究－俄罗斯 Ⅳ.①G860.951.2

中国国家版本馆CIP数据核字（2023）第148162号

*

人 民 体 育 出 版 社 出 版 发 行
北京明达祥瑞文化传媒有限责任公司印刷
新 华 书 店 经 销

*

710×1000　16开本　9.75印张　168千字
2024年9月第1版　2024年9月第1次印刷

*

ISBN 978-7-5009-6351-6
定价：60.00元

社址：北京市东城区体育馆路8号（天坛公园东门）
电话：67151482（发行部） 　　邮编：100061
传真：67151483 　　　　　　邮购：67118491
网址：www.psphpress.com

（购买本社图书，如遇有缺损页可与邮购部联系）

序 言
—— PREFACE ——

2022年10月，在党的二十大报告中，习近平总书记强调，要加快建设体育强国。在体育强国建设过程中，青少年体育是重中之重。2020年10月，党的十九届中央委员会第五次全体会议提出到2035年建成体育强国的目标，青少年体育是建设体育强国的基础。2020年8月，由中央全面深化改革委员会第十三次会议审议通过的《关于深化体教融合 促进青少年健康发展的意见》中明确指出"帮助学生在体育锻炼中享受乐趣、增强体质"。2017年12月，国家体育总局、教育部联合制定并印发的《关于加强竞技体育后备人才培养工作的指导意见》中提出，进一步完善竞技体育后备人才培养体系，切实加强青少年体育训练工作，创新发展青少年体育竞赛体系。完善的体育后备人才培养体系对于培养运动兴趣，增加参与体育运动人数，挖掘运动人才，进行科学训练，提升运动技能水平，延长运动生涯寿命，促进其健康持续发展具有重要意义。目前我国青少年冬季项目体育后备人才选拔与培养系统性不强、高素质体育教练员投入不足、竞赛体制不完善等问题依然较为突出，解决这些问题的有效途径与方法是构建更为完善的体育后备人才培养体系，通过不断研究、学习和借鉴冬季项目强国后备人才培养的成熟经验与方法，以促进我国冬季项目体育后备人才高质量培养与发展就显得尤为重要。

冬季奥林匹克运动会（以下简称冬奥会）是冬季项目的最高竞技场，是展示国家竞技发展水平的最高舞台。在冬奥会上取得成功成为衡量一个国家冬季项目发展水平的最重要指标。俄罗斯冬季项目一直处于国际强势地位，其冬季项目群众基础雄厚，后备人才数量充足，发展质量高。从1994年挪威利勒哈默尔冬奥会到2022年北京冬奥会，俄罗斯及ROC体育代表团共获得金牌55枚、银牌56枚、铜牌58枚，奖牌总数169枚，除2010年、2018年和2022年冬奥会，俄罗斯奥运代表队在冬奥会金牌榜总排名一直保持在前6位，尤其是1994年和2014年冬奥会获得奖牌榜第1名。尽管近些年来俄罗斯发生了重大的政治、经济变革，遭受了国际体育仲裁院"禁赛"制裁，然而其冬季项目发展势头依然强劲，群众基础雄厚，后备人才数量充足，发展质量较高，竞技实力在奥运会上始终保持着较高的水平，完善且成熟的冬季项目体育后备人才培养体系是俄罗斯冬季项目长期保持健康发展的重要原因。探究俄罗斯冬季项目体育后备人才培养体系，对于完善并优化我国冬季项目体育后备人才培养及促进冬季项目发展具有重要价值与意义。目前学者针对俄罗斯冬季项目体育后备人才培养体系研究不足，缺少定性与定量相结合的深入系统研究。为此，本研究以俄罗斯冬季项目体育后备人才培养体系与启示为题展开深入分析，以不断充实和丰富体育管理学研究成果，为我国冬季项目体育后备人才培养提供参考与借鉴。

本书从1997年至2022年，历时25载，在长期跟踪、系统且深入分析俄罗斯及ROC体育代表团近8届冬奥会（1994年、1998年、2002年、2006年、2010年、2014年、2018年、2022年）获奖情况及备战体系、2011年至2021年俄罗斯联邦群众体育各年度统计观察报告、2011年至2021年俄罗斯联邦各年度体育后备人才统计观察报告、1994年至2021年有关俄罗斯青少年体育方面的体育政策文件，以及俄联邦体育部相继出台的冬奥项目后备人才培训标准的基础上，采用文献资料法、逻辑分析法、专家访谈法、实地考察法、比较研究法、数理统计分析法等，从体育政策法规、体育组织体系、财政经费、师资队伍、培训体系、竞赛体系6个方面分析俄罗斯冬季项目后备人才培养体系，并以越野滑雪、冰球、冬季两项等13个冬奥会项目为例，从培训目标与评估内容、培训周期计划、培训周数/年训练次数、训练内容与训练负荷参数、参赛训练计划、身体素质发展、集训7个方面研究其后备人才培训体系。最后，从促进我国冬季项目高质量发展思路与对策和冬季项目高质量体育后备人才培养两个方面阐述了俄罗斯冬季项目体育后备人才培养体系研究对我国的启示。

本书致力于服务政府和体育行政管理部门、高等院校、体育院校、体育俱乐部、体育协会等机构的管理人员、科研人员、体育教练员、运动员及相关社会公众群体。

本研究得到了刘兴教授、刘兵教授等领导、专家和学者的悉心指导、关心、支持和帮助，冬季项目后备人才培养的相关部门为调研工作提供了大力支持，相关领域的专家和学者为本研究提出了诸多宝贵的建议，在此对上述专家和学者表示崇高的敬意和衷心的感谢！

刘红华
2023年5月

目 录
—CONTENTS—

第一章 绪 论 ··· 001
  第一节 研究背景、价值与创新之处 ······································· 001
  第二节 研究对象与方法和研究思路与内容安排 ························ 005

第二章 国内外研究概况 ·· 009
  第一节 国内学者对俄罗斯冬季项目体育后备人才培养体系的研究 ······ 009
  第二节 俄罗斯学者对俄罗斯冬季项目体育后备人才培养体系的研究 ···· 011

第三章 俄罗斯冬季项目竞技体育实力与群众体育基础分析 ··········· 015
  第一节 俄罗斯冬季项目竞技体育实力分析 ······························ 015
  第二节 俄罗斯冬季项目群众体育基础分析 ······························ 018

**第四章 俄罗斯冬季项目体育后备人才培养体系的指导思想、原则
与管理框架及其理论架构** ·· 026
  第一节 俄罗斯冬季项目体育后备人才培养体系的指导思想、原则与管理
框架 ·· 026
  第二节 俄罗斯冬季项目体育后备人才培养体系的理论框架 ············ 028

**第五章 俄罗斯冬季项目体育后备人才培养的体育政策法规与体育
组织体系** ·· 031
  第一节 俄罗斯冬季项目体育后备人才培养的体育政策法规 ············ 031
  第二节 俄罗斯冬季项目体育后备人才培养的体育组织体系 ············ 037

第六章 俄罗斯冬季项目体育后备人才培养的财政经费与师资队伍 ··· 042
  第一节 俄罗斯冬季项目体育后备人才培养的财政经费 ·················· 042
  第二节 俄罗斯冬季项目体育后备人才培养的师资队伍 ·················· 048

第七章　俄罗斯冬季项目体育后备人才培训体系与竞赛体系 ………… 056
　　第一节　俄罗斯冬季项目体育后备人才培训体系 ……………………… 057
　　第二节　俄罗斯冬季项目体育后备人才培养竞赛体系 ………………… 086

**第八章　俄罗斯冬季项目体育后备人才培养体系的实施效果与经验
　　　　　总结** ………………………………………………………………… 090
　　第一节　俄罗斯冬季项目体育后备人才培养体系的实施效果 ………… 090
　　第二节　俄罗斯冬季项目体育后备人才培养体系研究的经验总结 …… 100

第九章　俄罗斯冬季项目体育后备人才培养体系对我国的启示 ……… 103
　　第一节　我国冬季项目高质量发展的思路与对策 ……………………… 103
　　第二节　我国冬季项目高质量后备人才培养的思路 …………………… 110

参考文献 …………………………………………………………………………… 117

**附件　俄罗斯各类冬季项目第 2～5 阶段体育后备人才教学与训练
　　　　计划** ………………………………………………………………………… 130

第一章 绪 论

冰雪体育强国建设，重在高质量的体育后备人才保障。冰雪体育强国的经验表明，科学完善的体育后备人才培养体系对确保冰雪体育人才的不断输出起决定性作用[1]。有研究认为，我国冬季项目体育后备人才培养体制机制不畅[2]，科学引领不足[3]，人才效率偏低[4]。随着北京冬奥精神弘扬，体育强国建设深入，摸清我国冬季项目体育后备人才培养体系的瓶颈因素，构建与中国式现代化建设相适应的冬季项目体育后备人才培养体系，是未来一段时期的重中之重。

第一节 研究背景、价值与创新之处

一、研究背景与研究问题

2021年1月，习近平总书记在考察北京市延庆区国家高山滑雪中心时强调，推动我国冰雪运动跨越式发展是实现第二个百年奋斗目标的重要组成部分。

---

[1] Вырупаев В К, Антонов Д П, Титова Н А, Найданов Б Н. Актуальные вопросы формирования системы подготовки спортивного резерва в российской федерации [J]. Наука и спорт：современные тенденции，2018，3（20）：47-52.
维鲁帕耶夫 В К，安东诺夫 Д П，蒂托瓦 Н А，等. 组建俄罗斯联邦体育后备人才培训体系的现实问题 [J]. 科学与体育：现代趋势，2018，3（20）：47-52.
[2] 王旋. 市场经济条件下我国冬季项目后备人才培养模式的研究 [J]. 哈尔滨体育学院学报，2010，28（6）：24-26.
[3] 单清国，刘江. 黑龙江省业余体校冬季运动项目后备人才的培养 [J]. 冰雪运动，2010，32（3）：52-55.
[4] 王紫娟. 后青奥会时代我国竞技体育后备人才培养研究 [J]. 哈尔滨体育学院学报，2016，33（6）：47-51.

要通过举办北京冬奥会,把我国冰雪运动特别是雪上运动水平提高上去,在3亿人中更好地推广冰雪运动,推动体育强国建设。实现体育强国战略目标,不仅需要体育辉煌成就作支撑,更需要后备人才培养规模与质量的全面提升作保障。冬奥会是冬季项目的最高竞技场,是展示国家竞技发展水平的最高舞台。中华人民共和国成立以来,我国竞技体育取得了迅猛发展,在北京2022年冬奥会上,中国代表团进入世界前三,取得历史性好成绩,但我们还须清醒地认识到,距离实现体育强国目标还有一定的差距。我国从1980年首度出征冬奥会至今,共取得21金、32银、23铜,奖牌总数76枚,无论是在获得金牌数量还是奖牌总数上均与体育强国战略目标相差甚远。为实现体育强国战略目标,必须解决好全面提升后备人才培养质量这一首要问题。

俄罗斯冬季项目一直处于国际强势地位,其冬季项目群众基础雄厚,后备人才数量充足,发展质量高[1],拥有科学系统的后备人才培养体系。据俄罗斯联邦统计数据显示,从1994年利勒哈默尔冬奥会至2022年北京冬奥会,俄罗斯及ROC体育代表团共获得55金、56银、58铜,奖牌总数169枚。特别是在1994年利勒哈默尔冬奥会和2014年索契冬奥会上表现最佳,总排名第一,在2018年平昌冬奥会上获得奖牌的俄罗斯运动员是平昌冬奥会上最年轻的团队之一,平均年龄只有24岁[2],在2022年北京冬奥会上ROC体育代表团共获得32枚奖牌,奖牌总数位列第二,其花样滑冰、冰球、越野滑雪、冬季两项等项目始终处于国际领先地位。据2021年俄罗斯联邦统计观察资料,截至2021年底,公民经常参加冬奥项目人数277.3万人,其中有69.7万人参加花样滑冰运动、4.9万人开展冬季两项运动、5.2万人参与速度滑冰运动[3];冬季项目后

---

[1] Горохова Е В. Влияние олимпийских зимних игр (2002, 2006, 2010 и 2014 гг.) на развитие спорта в мире [J]. Вестник московского университета, 2018 (2): 97-101.
戈罗霍娃 Е.В. 冬奥会(2002、2006、2010和2014年)对世界体育发展的影响 [J]. 莫斯科大学学报, 2018 (2): 97-101.

[2] Министерство спорта Российской Федерации. Состоялось совместное заседание коллегии минспорта россии и исполкома олимпийского комитета россии [EB/OL].(2018-04-12). https://www.minsport.gov.ru/press-centre/news/31999/.
俄罗斯联邦体育部. 俄罗斯联邦体育部董事会与奥委会执行委员会举行联席会议 [EB/OL]. [2018-04-12]. https://www.minsport.gov.ru/press-centre/news/31999/.

[3] Министерство спорта Российской Федерации. Статистическое наблюдение за физической культурой и спортом [EB/OL]. [2021-12-31]. http://www.minsport.gov.ru.
俄罗斯联邦体育部. 体育统计观察 [EB/OL]. [2021-12-31]. http://www.minsport.gov.ru.

备人才培养总数达31.9万人，有3077名后备运动员参加了国际体育赛事，4.5万名后备运动员参加了全俄体育赛事，获得冬季项目体育赛事等级与称号总人数11.7万人，拥有冬季项目教练员8666人[1]。上述分析可见，借助科学系统的冬季项目后备人才培养体系，俄罗斯培养了数量众多的优秀后备人才。

2022年北京冬奥会的成功举办对我国冬季项目发展提出了更高的要求，尤其是面对我国冬季项目后备人才短缺的严峻问题，如何有效借鉴俄罗斯的做法，结合我国实际，完善并优化我国冬季项目后备人才培养体系，促进我国冬季项目高质量发展，成为当前必须重视和亟待解决的关键问题。

二、研究的价值及创新之处

（一）研究的价值

本研究的价值主要体现在学术价值和应用价值两个方面。

1. 学术价值

一是为我国冬季项目科学研究提供了新的视角和研究内容框架体系。通过对俄罗斯冬季项目后备人才培养体系的系统研究和全面梳理，完善并优化我国冬季项目后备人才培养体系，并以此推动我国冬季项目高质量发展，相关成果鲜见。因此，本研究形成的系列成果必将为我国冬季项目科学研究提供新的视角和研究内容框架体系。

二是在一定程度上有助于丰富体育管理学理论体系。基于高质量发展、协同发展理论，构建符合运动项目特点和成长规律的冬季项目后备人才培养体系，不仅可以拓展高质量发展的应用领域，更重要的是通过新视角研究形成的理论成果，将在一定程度上丰富体育管理学的理论体系，从而为有效进行后续相关研究提供必要的理论支撑。

三是为制订我国冬季项目中长期科研规划，提供重要参考依据。本研究通

---

[1] Министерство спорта Российской Федерации. Статистические наблюдения за подготовкой спортивного резерва [EB/OL]. [2021-12-31]. http://www.minsport.gov.ru.
俄罗斯联邦体育部. 体育后备人才培养统计观察 [EB/OL]. [2021-12-31]. http://www.minsport.gov.ru.

过系统研究俄罗斯冬季项目后备人才培养体系，进一步发现我国冬季项目在研究方法、研究手段和研究内容上的薄弱之处，进一步清晰我国冬季项目科研的主攻方向和重点研究内容，为制订我国冬季项目中长期科研规划提供重要参考依据。

2. 应用价值

一是对建立和完善具有中国特色的冬季项目发展模式和管理体制具有重要的参考价值。通过系统梳理和深入研究俄罗斯冬季项目发展模式和管理体制，借鉴其成功经验与做法，结合我国存在的问题，对建立并完善具有中国特色的冬季项目发展模式和管理体制具有重要的参考价值与借鉴意义。

二是有助于进一步完善和优化我国冬季项目后备人才培养体系，提高人才培养质量和效益，实现我国冬季项目跨越式发展。通过分析俄罗斯冬季项目后备人才培养体系，结合我国实际，借鉴其做法，有助于完善并优化我国冬季项目后备人才培养体系，提高人才培养质量和效益，实现我国冬季项目跨越式发展。

三是对于加快实现冰雪体育强国建设目标具有重要意义。本研究着眼于服务冰雪体育强国国家战略，通过借鉴俄罗斯做法，规避其存在的问题与不足，结合我国实际，完善并优化我国冬季项目后备人才培养体系，推动我国冬季项目高质量发展，为我国政府和地方体育行政主管部门提供有效咨询建议，对于提升我国冬季项目高质量发展、实现冰雪体育强国战略目标具有重要现实意义。

(二) 创新之处

一是研究视角创新。以高质量发展为理论研究视角探究体育后备人才培养，能够有效解决后备人才培养存在的问题。由于传统与现代关于高质量发展的内涵与外延阐述有共性特点，也有差异之处，因此本研究基于高质量发展理念，阐述了我国冬季项目高质量发展内涵，丰富了高质量发展理论体系。

二是研究方法创新。以往有关后备人才培养方面的研究，都是采用定性的分析方法。本研究采用了定性与定量、理论与实证相结合的方法。在分析过程中，同时采用访谈法、实地考察法等，对俄罗斯 2011—2021 年冬季项目后备人才培养情况进行了量化且系统的分析。本研究较为客观地反映了俄罗斯冬季项目后备人才培养状况，使我国了解并掌握其后备人才培养的质量与效果。

三是研究内容创新。目前学者对俄罗斯体育后备人才培养的研究主要围绕单一政策文件、模式展开。本研究是从后备人才培养体系切入进行深入、系统和定量化研究的，这不仅拓宽了分析和解决后备人才培养问题的学术视野，而且部分结论与建议对解决我国冬季项目后备人才培养的现实问题具有一定的借鉴意义。

第二节　研究对象与方法和研究思路与内容安排

一、研究对象与方法

（一）研究对象

以俄罗斯冬季运动项目后备人才培养为研究对象，并以2011—2021年俄罗斯青少年花样滑冰、越野滑雪、冰球等13项冬季项目后备人才培养情况为主要内容，深入研究并梳理出俄罗斯冬季项目体育后备人才培养体系的理论架构及其各组成部分，分析其如何对后备人才进行系统培养，促使其健康持续发展，并结合我国存在的问题，借鉴和吸取其成功经验，为促进我国青少年冬季运动项目后备人才培养提供理论与实践的参考与借鉴。

（二）研究方法

1. 文献资料法

以"俄罗斯体育""冬季运动项目""冰雪运动""冬奥会""后备人才""后备人才培养"等为检索词，分别在俄罗斯联邦沃罗涅日国立大学体育学院电子图书馆网站、俄罗斯科学电子图书馆——科学、技术、医学和教育领域信息门户网站、中国知网（CNKI）、万方数据库、中国优秀硕博论文库在线检索平台，辽宁省图书馆和沈阳体育学院图书馆体育管理文献中心，查阅与主题相关的著作、论文。同时经过长期跟踪和系统收集与整理1994—2021年俄罗斯联邦体育部、俄罗斯奥委会、全俄体育联合会、俄罗斯冬季项目国家队训练基地以及俄罗斯冬季项目各单项体育联合会等官方网站有关俄罗斯冬季项目后备人才培养及冬季项目发展的官方文件、各年度工作报告、新闻报道、统计观察数据等资料，为本研究奠定了全面和系统的理论与实践基础。

2. 逻辑分析法

运用演绎、归纳、比较、综合等方法，对收集到的文献、报道等资料进行系统分析和深度研究，分析俄罗斯花样滑冰、北欧两项、雪橇、自由式滑雪、冰壶、高山滑雪、雪车/钢架雪车、速滑、越野滑雪、冬季两项、单板滑雪、冰球、跳台滑雪13项冬季运动项目后备人才培训标准。通过概念、判断、推理等逻辑形式，系统梳理出俄罗斯后备人才培养的指导思想与原则，整理分析出其冬季项目后备人才培养体系的理论架构与实施效果。

3. 专家访谈法

利用国内外体育管理、体育产业、竞技体育等相关学术报告会、研讨会、座谈会、交流会以及走访和调研等方式对国内外体育领域专家、学者、教练员、运动员等进行了线上与线下交流与座谈，为了解中俄后备人才培养体系及冬季项目发展提供了帮助，为完善并优化我国冬季项目后备人才培养的顶层设计与基层创新寻求理论与实践支持。

4. 实地考察法

笔者亲自考察了中国和俄罗斯部分地区青少年冬季项目体育赛事活动组织与开展情况、青少年冬季项目体育培训中心的运行状况，并通过与中国和俄罗斯青少年、体育教练、体育教师、居民等沟通交流，获悉有关中国和俄罗斯青少年参与冬季运动项目情况，为本研究提供了第一手实践信息资料。

5. 比较研究法

通过对比分析中俄的体育政策法规、运动兴趣培养、运动技能培训标准和竞赛体系等，从中找到我国冬季项目体育后备人才培养等方面存在的问题，结合我国实际，借鉴俄罗斯成功经验与做法，规避其存在的问题与不足，提出完善我国后备人才培养体系，提升人才培养质量，促进冬季项目高质量发展的思路与对策。

6. 数理统计分析法

采用EXCEL整理并分析了2011—2021年俄罗斯冬季项目群众体育、体育后备人才培养组织机构、财政经费、师资队伍、培训体系、竞赛体系等情况，以全面了解并掌握俄罗斯冬季项目发展和后备人才培养状况，为我国提供参考与借鉴。

二、研究思路与内容安排

（一）研究思路

本研究是以高质量发展、协同发展理论以及其他有关经济与管理理论为理论基础，在积极倡导并深入落实以人的全面发展理念、遵循人才成长规律的社会背景下和提升我国冬季项目体育后备人才培养质量的现实背景下进行的。本研究对国内学者和俄罗斯学者关于冬季项目后备人才培养的研究动态进行了综述。通过综述发现俄罗斯冬季项目后备人才体系及其对我国的启示是一个崭新的研究领域，因此，将其作为研究主题。研究以俄罗斯冬季项目竞技实力与群众体育基础分析为起点，阐明其冬季项目体育后备人才培养体系的指导思想与原则，并以此为主线，着重从俄罗斯体育政策法规、体育组织、财政经费、师资队伍、培训体系、竞赛体系六个方面详细分述其运行状况与实施效果，并结合我国冬季项目发展和青少年体育后备人才培养实际状况，借鉴其成功经验，以高质量发展视域下我国冬季项目发展和体育后备人才培养策略为分析重点展开研究。

（二）内容安排

本书共分为九章。第一章为绪论，在提出研究背景和研究问题的基础上，对研究俄罗斯冬季项目后备人才培养体系的价值、创新之处、研究对象与方法进行了介绍，并对研究思路与内容安排加以具体说明。第二章回顾了国内学者和俄罗斯学者对俄罗斯冬季项目后备人才培养体系的研究。第三章分析了俄罗斯冬季项目竞技体育实力与群众体育基础，并对1994—2022年俄罗斯及ROC体育代表团在冬奥会上取得的奖牌数量与排名以及俄罗斯公民参与冬奥项目情况展开研究。第四章整理归纳出俄罗斯冬季项目体育后备人才培养体系的指导思想、原则与管理框架及其理论架构，为俄罗斯冬季项目体育后备人才培养指明了发展的方向与重点,确保其持续健康发展。第五章至第七章是本研究的核心部分,采用了定性与定量相结合的方法,从俄罗斯青少年体育政策法规、组织体系、财政经费、师资队伍、培训体系、竞赛体系六个方面详细分析和阐述了俄罗斯冬季项目体育后备人才培养体系的各组成部分运行情况。第八章论证了俄罗斯冬季项目体育后备人才培养体系的实施效果,并做出了经验总结,为我国提供参考与借鉴。第九章为俄罗斯冬季项目体育后备人才培养体系对我国的启示,也是全书的重点研究内容,通过对俄罗斯冬季项目后备人才培养体系的研究,结合我国存在的问题,分别从促进我国冬季项目高质量发展思路与对策和高质量后备人才培养两个方面进行了详细阐述。

第二章 国内外研究概况

本研究基于冰雪体育强国建设，从高质量发展视角探究冬奥项目强国俄罗斯冬季项目体育后备人才培养，以及对我国冬季项目高质量体育后备人才培养有哪些借鉴与启示。因此，依据本研究的三个重要关键词"高质量发展""冬季运动项目""后备人才培养"，通过广泛阅读国内外相关文献，并对文献进行研究分析和归纳总结，以梳理出国内外是如何促进冬季项目高质量发展的，以及高质量体育后备人才培养是怎样开展的。

第一节 国内学者对俄罗斯冬季项目体育后备人才培养体系的研究

截至 2023 年 2 月 10 日，本研究共检索到与主题相关文献 483 篇，去掉不符合研究要求文献，对其中 268 篇文献进行分类整理，并根据研究主题分为 3 个主要类别。

一、冬季项目发展研究

有学者研究指出，我国冬季项目整体发展水平不高、项目开展不全、区域发展不均衡，与体育强国相比差距明显，冰强雪弱，基础不牢固[1]；我国体育管理体制机制滞后[2]，体育政策法规不健全、体育组织监管体系不完善，冬季

---

[1] 李红育，刘文娟. 深化改革我国冬季运动项目运行机制的研究 [J]. 武汉体育学院学报，1993，39 (3)：5-8.
[2] 王旋. 市场经济条件下我国冬季项目后备人才培养模式的研究 [J]. 哈尔滨体育学院学报，2010，28 (6)：24-26.

项目体育基础设施建设不足，冬季运动项目社会普及度低[1]，项目参与集中度以及冰雪文化[2]、气候[3]、自然、社会环境、体育事业发展状况[4]等因素影响了我国冬季项目发展，我国应加强政府与社会协作，加大基础设施建设[5]；融合各类社会资源、优化项目发展格局、推进冬季项目"南展西扩"工程，形成区域协同发展格局[6]，促进我国冬季项目发展。冬奥会强国德国、挪威、美国、奥地利、加拿大、俄罗斯长期位列冬奥会奖牌榜第一集团[7]，其冬季项目发展质量较高，探究其发展策略，可为我国冬季项目高质量发展提供参考与借鉴；随着我国《关于促进全民健身和体育消费推动体育产业高质量发展的意见》（2019）等文件颁布及北京冬奥会成功举办，必将带动我国冬季项目高质量、跨越式发展[8]。由此可见，资源协同短板制约了我国冬季运动项目发展。

二、冬季项目体育后备人才培养研究

有学者研究认为，我国冬季项目体育后备人才培养采取以国家为中心的集中管理体制，形成了运动员从体校到市级、省级再到国家级运动队自下而上的培养体系[9]；随着市场经济发展，我国现有人才培养体系已无法满足社会发展需要[10]，人才培养政策未能充分体现其诉求[11]；黑龙江作为我国冬季项目后备人才培养重要基地，存在生源萎缩，出路困难的问题[12]；造成学训矛盾突

---

[1] 宗磊. 从平昌冬奥会奖牌榜分析我国冬季项目发展格局[J]. 贵州体育科技, 2018（4）：36-38.
[2] 程文广, 刘兴. 需求导向的我国大众冰雪健身供给侧治理路径研究[J]. 体育科学, 2016（4）：11-19.
[3] 王永芳. 全球变暖对冰雪运动的影响[J]. 和田师范专科学校学报, 2009, 28（2）：247.
[4] 刘洋, 王邵励. 中国冰雪运动的历史轨迹与发展机遇：基于"挑战—应战"理论[J]. 中国学校体育（高等教育）, 2015（12）：27-30.
[5] 单清国, 刘江. 黑龙江省业余体校冬季运动项目后备人才的培养[J]. 冰雪运动, 2010, 32（3）：52-55.
[6] 徐刚. 新时期我国冬季项目的竞技发展研究[J]. 北京体育大学学报, 2016, 39（9）：119-125, 131.
[7] 张建会. 冬奥会竞技强国冰雪项目发展经验与启示[J]. 体育文化导刊, 2019（2）：75-81.
[8] 刘波, 黄璐. 北京冬奥会成功举办背景下我国冬季项目可持续发展研究[J]. 天津体育学院学报, 2022, 37（4）：380-386.
[9] 张凤珍. 我国竞技体育后备人才培养体制的现状分析及对策[J]. 体育与科学, 2008（2）：69-71.
[10] 王旋. 市场经济条件下我国冬季项目后备人才培养模式的研究[J]. 哈尔滨体育学院学报, 2010, 28（6）：24-26.
[11] 张春萍, 胡恒, 张子鳌, 等. 我国冰雪项目后备人才培养保障政策研究[J]. 武汉体育学院学报, 2020, 54（10）：31-37.
[12] 单清国, 刘江. 黑龙江省业余体校冬季运动项目后备人才的培养[J]. 冰雪运动, 2010, 32（3）：52-55.

出、管训科学化水平低、人才数量少、初中高级层次人才分布不合理、培养质量不高[1]等问题；我国政府应出台操作性强的冰雪体育政策，建立以国家为指导，地方政府为重点，社会与市场共同参与的政策保障体系，并采取"学社结合"人才培养模式，提高人才培养质量。通过上述分析可见，如何打通冰雪人才培养的堵点，已经开始受到国内学者的关注，总体来说，该方面研究成果较少，正处于探索阶段。

三、俄罗斯冬季项目体育后备人才培养体系研究

有学者研究指出，俄罗斯是以体育运动学校为依托，以多渠道筹措资金为保障，以青少年体育赛事体系为杠杆，由俄罗斯奥委会与各单项体育联合会牵头进行管控的体育后备人才培养模式，充分调动政府、学校、俱乐部和运动员等各方面的积极性，发挥其出各自的优势，并有效整合青少年体育后备人才培养体系[2]；为改善青少年体育后备人才培养条件，俄罗斯政府投入了大量的人力、物力和财力，加强冬季项目体育设施建设，为后备人才培养目标的实现提供了有力的保障[3]。总之，国内学者对俄罗斯冬季项目体育后备人才培养体系的研究不足，成果较少，多为单一政策文件和定性分析，缺少定量化的分析与论证。

第二节 俄罗斯学者对俄罗斯冬季项目体育后备人才培养体系的研究

截至2023年3月10日，本研究共检索到与冬季项目有关的文献10919篇，去掉不符合研究要求的文献，对其中347篇文献进行分类整理，并根据研究主题分为2个主要类别。

一是冬季项目发展研究。有学者指出，加拿大、美国、俄罗斯、德国、挪

---

[1] 吴晓华，伊剑. 北京冬奥会背景下冰雪后备人才培养现状与对策研究[J]. 南京体育学院学报，2017，31（5）：25-29.
[2] 张健，渠彦超，高力翔. 国外竞技体育人才培养模式及其启示（二）——以德国与俄罗斯为例[J]. 南京体育学院学报（自然科学版），2017，16（5）：59-64.
[3] 常利华.《俄罗斯联邦2016—2020年体育发展计划》及其启示[J]. 体育文化导刊，2015（11）：25-28.

威和瑞典是冬季项目发展的领头羊[1]。冬奥会是衡量一个国家冬季项目体育发展水平的最重要和最综合的指标。50%的冬奥会参赛者来自美国、加拿大、俄罗斯、德国、意大利、挪威、瑞典、瑞士、芬兰和日本等国家；超过50%的奥运赛事分数来自加拿大、美国、俄罗斯、瑞典、挪威和德国。参与冬奥项目的国家运动队分布最均匀的国家是德国、俄罗斯、日本、美国、意大利、加拿大、奥地利、韩国、法国和挪威。全球气候变暖对冬奥会的筹备过程、开闭幕式以及冬季项目发展产生重大影响[2]。从20世纪50年代中期开始，每届冬奥会都必须保留前一年冬天的积雪。自20世纪60年代初以来，花样滑冰和冰壶比赛已经停止在室外举行。尽管许多冬奥项目仍然在户外举行，然而气候问题仍然是组织者关注的焦点[3]。冬季项目基础设施需要较为庞大的资金支持，国家财政支持力度将在很大程度上影响了冬季项目的发展规模与水平[4]；目前参与冬季运动的专业运动员和业余爱好者人数逐年快速增长，应为冬季项目建造更多新的体育综合设施，可更好推广、普及和促进冬季运动项目发展[5]。可见，俄罗斯冬季项目一直处于高质量均衡发展中。

二是冬季项目后备人才培养体系研究。有学者认为，俄罗斯建有垂直一体化的五阶段后备人才培养体系，清晰的培训目标、任务、内容与标准，确保了后

---

[1] Горохова Е В. Влияние олимпийских зимних игр（2002，2006，2010 и 2014 гг.）на развитие спорта в мире［J］. вестник московского университета，2018（2）：97-101.
戈罗霍娃 Е В. 冬奥会（2002、2006、2010和2014年）对世界体育发展的影响［J］. 莫斯科大学学报，2018（2）：97-101.

[2] Мельникова Н Ю. Тревожный прогноз：Глобальное потепление и Олимпийские зимние виды спорта［J］. Вестник спортивной науки，2015（4）：39-42.
梅尔尼科娃 Н Ю. 惊心的预测：全球变暖与奥林匹克冬季运动项目［J］. 体育科学学报，2015（4）：39-42.

[3] Мельникова Н Ю. Тревожный прогноз：Глобальное потепление и Олимпийские зимние виды спорта［J］. Вестник спортивной науки，2015（4）：39-42.
梅尔尼科娃 Н Ю. 惊心的预测：全球变暖与奥林匹克冬季运动项目［J］. 体育科学通报，2015（4）：39-42.

[4] Горохова Е В. Влияние олимпийских зимних игр（2002，2006，2010 и 2014 гг.）на развитие спорта в мире［J］. вестник московского университета，2018（2）：97-101.
戈罗霍娃 Е В. 冬奥会（2002、2006、2010和2014年）对世界体育发展的影响［J］. 莫斯科大学学报，2018（2）：97-101.

[5] Анастасия Н Ч，Юлия А С. Архитектурно-планировочные особенности организации крытых комплексов для зимних видов спорта［J］. Вестник Томского государственного архитектурно-строительного университета，2023，25（1）：66-73.
阿纳斯塔西娅 Н Ч，尤利娅 А С. 冬季运动项目室内综合设施组织的建筑规划特点［J］. 托木斯克国立建筑大学学报，2023，25（1）：66-73.

备人才的科学系统化培养[1];政府出台了一系列促进青少年体育发展的国家中长期体育政策文件[2],制定了冬季项目联邦体育培训标准,规定了从事体育培训的组织人员、物质技术基础设施,并下放到各级各类体育培训组织,要求其严格遵守并实施,为后备人才科学化培养以及人才培养过程中所需的必要条件提供了较为充分的保障[3]。俄罗斯拥有数量充足、多元化的体育后备人才培养机构,政府对其实施严格监控,确保了后备人才培养数量与质量[4]。俄罗斯重视后备人才的科学选材与培养,由于后备运动员过早进行大容量、高强度和高频率训练,容易导致其生理功能发生不可逆转的破坏,甚至造成其职业生涯过早结束,而借助生物医学系统支持,对后备人才培养的早期阶段进行科学训练和跟踪指导,能够保障其训练安全,维护其身体和心理健康,提高比赛成绩[5];后备

---

[1] Евтух А В, Квашук П В, Шустин Б Н. Научно-методические основы многолетней подготовки спортсменов [J]. вестник спортивной науки, 2008 (4): 16-19.
叶夫图赫 А В,克瓦舒克 П В,舒斯廷 Б Н. 运动员长期培训的科学方法基础 [J]. 体育科学学报,2008 (4): 16-19.

[2] Мелихова Татьяна Михайловна. Модернизация государственной политики по развитию массового детско-юношеского спорта [C] // Федеральное государственное образовательное учреждение высшего профессионального образования " Уральский государственный университет физической культуры", XX региональная научно-практическая конференция: Оптимизация учебно-воспитательного прцесса в образовательных учреждениях физической культуры, Челябинск: Уральский государственный университет физической культуры, 2010: 221-223.
梅利霍娃·塔季扬娜·米哈伊洛夫娜. 国家发展大众儿童和青少年体育政策的现代化 [C] //联邦国立高等职业教育机构乌拉尔国立体育大学,第二十届区域科学实践会议:体育教育机构教学培养过程优化,车里雅宾斯克:乌拉尔国立体育大学,2010: 221-223.

[3] Крылова В М. Требования к материально-техническому обеспечению спортивной подготовки спортсменов по видам спорта [J]. Вестник спортивной науки, 2016 (5): 48-51.
克雷洛娃 В М. 运动员体育培训的物资技术保障要求 [J]. 体育科学通报, 2016 (5): 48-51.

[4] Быков Николай Николаевич. Перспективные направления повышения качества подготовки спортивного резерва для сборных команд РФ [С] // Месхи Б Ч, сухинов А И, Пожидаев С Н, тд. Инновации: спортивная наука и практика, Ростов-на-Дону: Донской государственный технический университет, 2016: 236-238.
贝科夫 Н Н. 俄罗斯联邦国家队体育后备人才培养质量提升的前景方向 [С] //梅西 Б Ч,苏希诺夫 А И,波日达耶夫 С Н 等. 创新:体育科学与实践国际会议论文集,罗斯托夫:顿河国立技术大学,2016: 236-238.

[5] Вырупаев К В, Лапин А Ю, Титова Н А, Kurashvili V A. Анализ состояния медико-биологического обеспечения подготовки спортивного резерва [J]. Наука и спорт: современные тенденции, 2018 (21): 11-18.
维鲁帕耶夫 К В,拉平 А Ю,蒂托娃 Н А,等. 体育后备人才培训的生物医学保障状况分析 [J]. 科学与体育:当前趋势, 2018 (21): 11-18.

运动员科学选材与运动定向应结合项目特点，并充分考虑后备运动员父母的遗传基因和后备运动员成长所处的地理环境因素，而后备运动员的遗传基因和长期科学合理的运动训练相结合可以在很大程度上决定后备运动员成年后的运动成绩[1]。

  总的来看，国内研究大致为冬季项目发展研究、冬季项目竞技实力研究、影响冬季项目发展因素研究、冬季项目后备人才培养体育政策研究及冬季项目后备人才培养模式的主线研究。国外研究大致呈现出冬季项目发展研究、冬季项目竞技实力研究、影响冬季项目发展因素研究、冬季项目后备人才体育培养政策研究、冬季项目后备人才培训标准研究、冬季项目后备人才培养物资技术保障研究、冬季项目后备运动员科学选材与运动定向及冬季项目后备人才体育培训组织监管这样一条文献路径。国内外学者对俄罗斯体育后备人才培养的研究提出了很多有价值的观点，但缺乏全面、定性与定量相结合的深入系统研究，难以准确掌握俄罗斯体育后备人才培养的实际状况与整体发展水平。学界对于冬季项目体育后备人才培养研究的显著特点是多学科、多角度介入，涉及体育人文社会学、体育教育学、运动训练学、生物医学、生物力学等学科。但国内研究文献过少，无论是研究深度、广度，还是横向、纵向研究均显不足，这非常不利于我国冬季项目发展。相对而言，学界对于夏季项目后备人才培养研究成果丰硕。俄罗斯学者对于冬季项目体育后备人才培养研究起步早，研究内容更为聚焦、深入和细化。为此，在借鉴和反思前人研究成果基础上，立足于俄罗斯冬季项目体育后备人才培养体系研究与启示，回答几个问题：俄罗斯冬季项目体育后备人才培养体系如何？借鉴其做法，结合我国实际，是否有益于优化和完善我国冬季项目体育后备人才培养体系？对推动我国冬季项目高质量发展的启示是什么？

---

[1] Фонарев Д В，Погудин С М. Теоретико－методологические аспекты физкультурно－спортивной ориентации и отбора олимпийского резерва［J］. Наука и спорт：современные тенденции，2019（7）：46-51.
  福纳廖夫 Д В，波古丁 С М. 奥林匹克后备人才运动定向与选拔的理论方法［J］. 科学与体育：当前趋势，2019（7）：46-51.

第三章 俄罗斯冬季项目竞技体育实力与群众体育基础分析

冬奥项目体育强国建设，需要竞技体育做支撑，而竞技体育发展更需要群众体育和青少年体育成为其坚实基础。有学者指出，冬季项目受欢迎程度是随着每届冬奥会周期增长而增加的，冬奥会成为衡量一个国家冬季项目体育发展水平的最重要指标，加拿大、美国、俄罗斯等国家是冬季项目发展领头羊，德国、俄罗斯、日本、美国等是冬奥项目分布均匀的国家，其冬季项目一直呈现高质量发展态势[1]。分析俄罗斯冬奥项目竞技体育成果和冬奥项目群众体育基础，可以更好地了解俄罗斯竞技体育、群众体育与青少年体育的协同发展状况。

第一节 俄罗斯冬季项目竞技体育实力分析

一、俄罗斯及ROC体育代表团在冬奥会上获奖数量及排名

冬奥会是冬季项目的最高竞技场，是展示国家竞技发展水平的最高舞台。在冬奥会上取得优秀成绩是衡量一个国家冬季项目发展水平的最重要指标[1]。本研究将俄罗斯及ROC体育代表团在冬奥会上取得奖牌数量情况作为其冬季项目竞技实力表现的主要研究依据。从近8届冬奥会获得奖牌数量及排名情

---

[1] Горохова Е В. Влияние олимпийских зимних игр（2002，2006，2010 и 2014 гг.）на развитие спорта в мире [J]. вестник московского университета，2018（2）：97-101.
戈罗霍娃 Е В. 冬奥会（2002、2006、2010和2014年）对世界体育发展的影响 [J]. 莫斯科大学学报，2018（2）：97-101.

况看，俄罗斯及 ROC 体育代表团从 1994 年利勒哈默尔冬奥会至 2022 年北京冬奥会上共获得 55 枚金牌、56 枚银牌、58 枚铜牌，奖牌总数 169 枚奖牌（表 3-1）。除 2010 年、2018 年和 2022 年冬奥会，俄罗斯在冬奥会金牌榜总排名一直保持在前 6 位，尤其是 1994 年和 2014 年冬奥会获得奖牌榜第 1 名。

表 3-1　1994—2022 年俄罗斯及 ROC 体育代表团在冬奥会上获得奖牌数量及排名　单位：枚

冬奥会	金牌数	银牌数	铜牌数	奖牌总数	奖牌总数排名/名次	金牌榜总排名/名次
1994 年利勒哈默尔冬奥会	11	8	4	23	3	1
1998 年长野冬奥会	9	6	3	18	3	3
2002 年盐湖城冬奥会	5	4	4	13	6	6
2006 年都灵冬奥会	8	6	8	22	5	5
2010 年温哥华冬奥会	3	5	7	15	6	11
2014 年索契冬奥会	11	9	9	29	1	1
2018 年平昌冬奥会	2	6	9	17	6	13
2022 年北京冬奥会	6	12	14	32	2	9

注：数据来自俄罗斯奥委会官方网站（https:// olympic.ru/team/sport/）。

二、俄罗斯及 ROC 体育代表团各项目在冬奥会上获奖情况分析

从冬奥会获得奖牌项目分析，1998 年长野冬奥会和 2002 年盐湖城冬奥会，俄罗斯在冬季两项、越野滑雪、花样滑冰和速度滑冰 4 个传统项目中获得奖牌数量较多。而从近 5 届冬奥会来看，俄罗斯运动员在非传统优势项目上获得奖牌的数量不断增加。2006 年都灵冬奥会俄罗斯运动员获得的 22 枚奖牌中，雪车 2 枚、自由式滑雪和雪橇各 1 枚；2010 年温哥华冬奥会俄罗斯运动员获得的 15 枚奖牌中，雪车 2 枚；2014 年索契冬奥会俄罗斯运动员获得的 29 枚奖牌中，雪车 2 枚、自由式滑雪 1 枚、单板滑雪 3 枚、钢架雪车和雪橇各 2 枚；2018 年平昌冬奥会俄罗斯运动员获得的 17 枚奖牌中，自由式滑雪 2 枚，钢架雪车和冰球各 1 枚；2022 年 ROC 体育代表团获得的 32 枚奖牌中，越野滑雪 11 枚、花样滑冰 6 枚、冬季两项 4 枚、自由式滑雪 3 枚、短道速滑和速度滑冰各 2 枚、冰球、跳台滑雪、单板滑雪和雪橇各 1 枚（表 3-2）。从冬奥会参赛运动员情况分

析，在 2018 年平昌冬奥会获得奖牌的俄罗斯运动员是平昌冬奥会上最年轻的团队之一，平均年龄只有 24 岁，这与俄罗斯多年来重视后备人才培养有着密切的关系，这也说明了俄罗斯后备人才培养体系是科学、系统和完善的，是经过实践检验的成熟培养体系[1]。

表 3-2 ROC 体育代表团在 2022 年北京冬奥会获得奖牌数量　　单位：枚

运动项目	金牌数	银牌数	铜牌数	奖牌总数
越野滑雪	4	4	3	11
花样滑冰	2	3	1	6
冬季两项	0	1	3	4
速度滑冰	0	1	1	2
短道速滑	0	1	1	2
冰球	0	1	0	1
跳台滑雪	0	1	0	1
自由式滑雪	0	0	3	3
雪橇	0	0	1	1
单板滑雪	0	0	1	1

注：数据来自北京 2022 年冬奥会体育央视网（https:// 2022.CCTV.com/？event = 2022& srcfrom = 360. 2023. 7. 12）。

三、借助备战冬奥会契机，大力发展群众和青少年体育

俄罗斯构建了以国家政府为主导，协同俄罗斯奥委会、全俄体育联合会等社会多元主体共同参与的冬奥会备战组织管理体系。俄罗斯政府从国家层面对冬奥会备战工作进行总体规划与部署，为国家队运动员参赛创造一切有利的备战条件，并将备战工作落实到国家中长期发展战略规划中，确保完成备战的前期基础性工作，并有计划有步骤地促进了竞技体育与群众体育、青少年体育的

---

[1] Министерство спорта Российской Федерации. Состоялось совместное заседание коллегии минспорта россии и исполкома олимпийского комитета россии［EB/OL］. (2018-04-12). https:// www. minsport. gov. ru/press-centre/news/31999/.
俄罗斯联邦体育部. 俄罗斯体育部董事会与俄罗斯奥委会执行委员会举行联席会议．［EB/OL］. (2018-04-12). https:// www. minsport. gov. ru/press-centre/news/31999/.

协同共生发展。在2009年俄罗斯政府出台的《俄罗斯联邦2020年前体育发展战略规划》[1]中提出,要加强竞技体育、群众体育和青少年体育的发展,明确了各阶段预期实现的目标与任务及各项目预算资金等。2015年俄联邦体育部出台的《俄罗斯联邦2016—2020年体育发展计划》[2]中明确提出,要大幅改善体育场馆设施条件,加大体育科技研发力度,加强国家队教练员培训等,提供资金总计为451.88亿卢布,并为完善体育后备人才培养,提供资金总计为276.8224亿卢布。为了促进冬季优势项目持续发展,保持其强势地位,俄联邦体育部联合全俄体育联合会及各单项体育联合会制定了一系列冬季项目中长期发展计划。如《俄罗斯联邦2018—2022年冰球发展计划》,该计划提出要改善俄联邦冰球运动发展条件,并将其落实到学校教育体系中,加强冰球基础设施建设与改造,培养冰球竞技后备人才,完善竞技梯队人才建设,提高国家冰球队在国际赛场中的竞技实力。为了培育并推动冬季新兴项目发展,俄联邦体育部联合俄罗斯高山滑雪联合会制定了《俄罗斯联邦2018—2022年高山滑雪发展计划》,该计划分析了俄罗斯山地滑雪运动发展现状与存在问题,并详细制定出山地滑雪运动发展战略目标、任务与工作要点及其社会化发展的具体措施与实施路径。

第二节 俄罗斯冬季项目群众体育基础分析

一、俄罗斯群众体育发展整体状况

(一)形成了较为完善的体育政策体系

俄罗斯目前已经形成了较为完善的群众体育政策体系,其政策发展历程大

---

[1] Правительство Российской Федерации. Стратегия развития физической культуры и спорта в Российской Федерации на период до 2020 года. [EB/OL]. [2009-08-07]. №1101-p. http://www.minsport.gov.ru.
俄罗斯联邦政府. 俄罗斯联邦2020年前体育发展战略. 2009-8-7. N1101-p. http://www.minsport.gov.ru.

[2] Правительство Российской Федерации. О федеральной целевой программе " Развитие физической культуры и спорта в Российской Федерации на 2016-2020 годы" [EB/OL]. [2015-01-21]. N 30. https://base.garant.ru/70852372/.
俄罗斯联邦政府. 俄罗斯联邦2016—2020年体育发展规划 [EB/OL]. [2015-01-21]. https://base.garant.ru/70852372/.

致分为四个阶段，第一阶段为初创阶段，是由俄联邦政府于 2002 年出台的《俄罗斯联邦 2005 年前体育运动构想》。第二阶段为全面协调发展阶段，是于 2006 年由俄联邦政府发布的《俄罗斯联邦 2006—2015 年体育发展计划》。第三阶段为快速成长阶段，是俄罗斯政府在 2009 年颁布的《俄罗斯联邦 2020 年前体育发展战略》[1]。第四阶段为高质量发展阶段，是于 2020 年由俄罗斯政府出台的《俄罗斯联邦 2030 年前体育发展战略》。截至目前，有关俄罗斯群众体育政策超过 10 余项，其中《俄罗斯联邦 2006—2015 年体育发展计划》和《俄罗斯联邦 2020 年前体育发展战略》是纲领性综合政策。这些政策文件的出台为群众体育发展创造了良好的发展空间与氛围。

（二）加大投入，积极组织举办各类体育赛事活动

1. 逐年加大群众体育活动经费投入

政府每年从联邦预算中拨出专项资金用于开展群众体育工作，由 2009 年的 1104.8 亿卢布增至 2020 年的 7418.1 亿卢布。其中，用于开展群众体育赛事活动经费由 2009 年的 195.1 亿卢布增至 2020 年 274.9 亿卢布，预算外资金由 2009 年的 14.8 亿卢布增至 2020 年的 109.5 亿卢布[2]。

2. 每年定期和不定期举办不同群体赛事活动

据联邦体育统计观察，俄罗斯每年平均举办各类群众体育赛事 1 万次以上，针对儿童、青少年、中老年人和残疾人的体育赛事从 2008 年的 153 次增加至 2020 年的 584 次，每年超过 2 千万人参加各类体育赛事活动，其中，深受大众喜爱的体育项目有全俄越野滑雪赛（约 150 万人参加）、全俄跑步日（约 120 万人参加）、全俄定向运动（约 21.1 万人参加）、全俄街头篮球赛（约 8.6 万人参加）、"运动日"（约 120 万人参加）、"我选择运动"和"与冠军一起运动"（1 万余个组织参与，约 120 万人参加）、亚洲国际儿童运动会（26 个国家的 2000 余人参加）、全俄夏冬季农村运动会（俄联邦全体成员参与）、全俄"体育

---

[1] 杨平. 俄罗斯群众体育发展战略研究 [J]. 体育文化导刊, 2013 (6): 38-41.
[2] 俄罗斯联邦体育部. 2008 至 2020 年体育统计观察 [EB/OL]. [2021-01-15]. http://www.minsport.gov.ru.

大家庭"竞赛（10余个联邦成员主体参加）、"街头最佳青年运动"（50多个联邦成员主体参加）等，这些赛事活动已列入俄联邦大型群众体育赛事长期计划之中，每年定期在俄联邦各区域同时举办。

3. 巩固竞技体育群众基础

政府与俄罗斯奥委会每年定期举办各类体育赛事活动，如为纪念2014年第22届索契冬奥会的举办，每年2月7日举办"冬季运动日"活动，此项活动自2015年在索契举办以来，每年约有100万人参加，期间举办了多个项目比赛、大师班和职业运动员签名会等活动。"奥运冠军展示团"作为全俄体育教育项目，旨在少儿中普及体育运动知识，增强体育意识，挖掘体育后备人才。自2014年在俄罗斯最大的儿童中心启动以来，已有超过20万人和200多名著名运动员参加了此项活动。

4. 增设国民体质监测中心，强化大众对健康的关注与重视

自2014年9月起，俄政府针对6~70岁人群实施全俄体育综合计划"劳动力储备与防护"。据俄联邦体育部统计，2015年至2020年参与体质检测的人数大幅增加，人员主要来自体育培训组织、教育机构和公共组织，体质达标人数逐年上升，2020年公民体质健康检测合格人数比例达到50.4%。为了向大众提供更多、更便捷的体质测试场所，俄政府持续加大建设力度，增设检测中心数量，目前已有100多万人通过了检测，体质检测门户网站注册人数已超过400万，平均每天有15万人次访问量。俄政府鼓励民众进行体质检测，并将该项工作任务下放到各级体育管理部门进行监控，有效促进了大众健康意识和国民体质健康水平的提升。

5. 不断增加体育社会指导员、教练员、裁判员及培训机构数量

体育人员数量从2008年的29.6万人增至2020年的40.5万人。其中，2020年30岁以下体育人员数量较2010年增幅49.3%、31~60岁增幅20.2%、60岁以上增幅68.2%；中高级专业背景人员数量增幅38.2%和29.2%、具有学位人员数量增幅29%；女性体育人员数量增幅40.7%。从2009年至2020年，农村地区体育人员数量增幅5.8%，新入职体育人员数量增幅131%；各类运动项目在职教练员数量增长较快，由2009年8.48万人增至2020年12万人；裁判员

数量从 2017 年 7.5 万人增至 2020 年 10.1 万人；各类培训机构数量由 2009 年 16.2 万个增至 2020 年 18 万个。

(三) 增加预算，完善体育基础设施建设

1. 政府逐年增加联邦预算和预算外投入

预算中用于购置体育设施设备的从 2009 年 42.4 亿卢布增至 2020 年 263.7 亿卢布；该项支出的预算外资金由 2009 年 5.85 亿卢布增至 2020 年 40.3 亿卢布；用于体育基础设施维修的资金由 2009 年的 39.1 亿卢布增至 2020 年 717.6 亿卢布，其中，联邦预算资金由 2009 年 34.5 亿卢布增至 2020 年 699.4 亿卢布，预算外资金从 2009 年 4.6 亿卢布增至 2020 年 18.2 亿卢布。

2. 加强不同类型、不同功能体育场地建设

体育场地建设总量逐年递增，从 2008 年 23.8 万个增至 2020 年 33.6 万个，其中，游泳馆建设数量增长最快，从 3762 个增至 6229 个，平面运动场地（广场和田野等）从 12.3 万个增至 15.4 万个，健身房由 6.87 万增至 7.53 万个。

3. 不断改善和加强配套设施建设

2013 年有 113 个体育馆配备了现代化技术设备，并有 2200 个体育组织创建了体育网络设施。2015 年体育网络设施建设数量达 29 万个，2018 年达到 32.2 万个，2019 年新增了 81 个体育设施，并有 25 个体育馆配置了先进技术设备[1]。

通过上述分析可知，经过俄罗斯政府多年的努力，其群众体育取得了长足发展。政府从国家战略层面对群众体育发展进行整体规划与部署，将群众体育工作纳入国家中长期发展战略规划中，并积极协同社会多元主体制定出多部相互补充、内容翔实的群众体育政策[2]，明确了阶段性发展目标与重点任务，提供了充足的资金保障，落实了具体负责部门与相关责任人，严格监

---

[1] Министерство спорта Российской Федерации. итоги работы за 2013-2019 год. [EB/OL]. [2020-04-14]. http://www.minsport.gov.ru.
俄罗斯联邦体育部. 2013—2019 年度工作报告. [EB/OL]. [2020-04-14]. http://www.minsport.gov.ru.
[2] 马忠利, 陈浩, 王立华. 中、俄 2015 年前公共体育设施建设规划研究 [J]. 西安体育学院学报, 2014, 31 (3): 295-299.

控各阶段工作的进展与实施效果,并定期对外公示,为群众体育工作的有序开展与深度落实提供了有力的保障。积极协同俄罗斯奥委会、全俄体育联合会、俄罗斯各单项体育联合会等社会多元主体积极组织举办不同区域、不同群体、不同规模的数量充足和内涵丰富的群众体育赛事活动,大幅提升了居民参加体育运动人数,促进了不同区域群众体育均衡发展,加强了竞技体育群众基础,推动了群众体育与竞技体育的协同发展。通过增设国民体质健康监测中心,为居民提供更为便捷的体质健康检测点,大幅增加了居民参与体质健康检测的人数,强化了居民对自身健康的重视,提高了国民体质健康水平,促进了居民健康生活方式养成。政府为各类群体经常开展健身运动提供了总量充实、功能齐全、条件更为舒适和便捷的体育场地场馆设施,满足了居民对体育基础设施的多样化和个性化需求,大幅提升了公民对政府提供的体育基础设施满意度水平。

二、俄罗斯冬季项目群众体育发展状况

(一)俄罗斯公民参与冬季运动项目情况

自普京执政以来,俄罗斯群众体育取得了长足发展。联邦统计观察数据显示,2021年俄罗斯3~79岁公民经常参加体育锻炼人数的比例为49.4%,已接近发达国家45%~50%的最高标准[1]。公民参训冬奥项目人数从2011年147.7万[2]增至2021年277.3万人,增幅为87.8%,女性参训冬奥项目人数由2011年41.6万增至2021年99.3万人,增幅为139%(图3-1)。

---

[1] Министерство спорта Российской Федерации. Статистическое наблюдение за физической культурой и спортом [EB/OL]. [2021-12-3]. http://www.minsport.gov.ru.
俄罗斯联邦体育部. 体育统计观察 [EB/OL]. [2021-12-31]. http://www.minsport.gov.ru.

[2] Министерство спорта, туризма и молодежной политики Российской Федерации. Статистическое наблюдение за физической культурой и спортом [EB/OL]. [2011-12-31]. http://www.minsport.gov.ru.
俄罗斯联邦体育、旅游和青年政策部. 体育统计观察 [EB/OL]. [2011-12-31]. http://www.minsport.gov.ru.

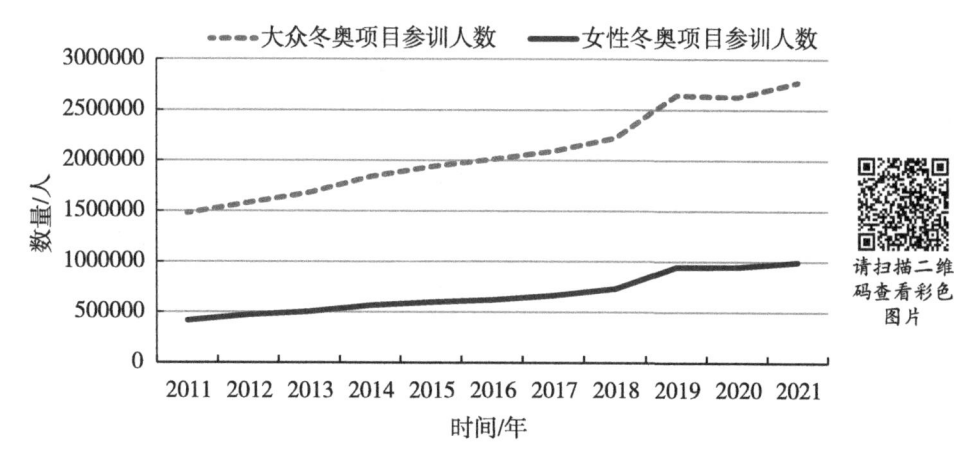

第三章 俄罗斯冬季项目竞技体育实力与群众体育基础分析

图 3-1　2011—2021 年俄罗斯大众和女性参训冬奥项目情况

注：数据来源于俄罗斯联邦体育部 2011—2021 年体育统计观察（http://www.minsport.gov.ru）。

（二）俄罗斯公民参与各类冬季运动项目情况

2011 年至 2021 年俄罗斯公民参加的冬奥运动项目有 13 个，分别是越野滑雪、花样滑冰、冰球、高山滑雪、速滑、冬季两项、单板滑雪、北欧两项、冰壶、自由式滑雪、跳台滑雪、雪橇和雪车[1]。2021 年俄罗斯公民参与冬奥项目人数由高到低排序，排在前三位的分别是越野滑雪 107.2 万人、花样滑冰 69.7 万人和冰球 67.3 万人；相较于 2011 年，2021 年公民参训各类冬奥项目人数增长最快的项目是花样滑冰，增长近 9 倍，其次是冰壶，增加了近 3 倍，之后是雪车和自由式滑雪，各增长了一倍多[2]。增幅由高到低排序，排在前三位的项目为花样滑冰、冰壶、北欧两项；除了跳台滑雪略有小幅下降外，其他项目均呈平稳快速增长态势（表 3-3）。

---

[1] Министерство спорта, туризма и молодежной политики Российской Федерации. Статистическое наблюдение за физической культурой и спортом（по состоянию на 31.12.2011 г.）. http://www.minsport.gov.ru.
俄罗斯联邦体育，旅游和青年政策部. 体育统计观察[EB/OL].（2011-12-31）. http://www.minsport.gov.ru.

[2] Министерство спорта Российской Федерации. Статистическое наблюдение за физической культурой и спортом（по состоянию на 31.12.2021 г.）. http://www.minsport.gov.ru.
俄罗斯联邦体育部. 体育统计观察[EB/OL].（2021-12-31）. http://www.minsport.gov.ru.

表3-3　2011—2021年俄罗斯大众参训各类冬奥运动项目情况　单位：名

运动项目	2011年	2012年	2013年	2014年	2015年	2016年	2017年	2018年	2019年	2020年	2021年
越野滑雪	799579	852417	895352	947677	973017	979668	1027600	1031165	1017584	1027060	1072663
花样滑冰	70155	80021	89531	112319	132685	137877	140983	228052	729540	677753	697388
冰球	404831	424869	465820	528166	567961	595119	607439	636842	606486	623659	672638
高山滑雪	85137	93465	94804	99262	97657	107824	125509	126060	121752	125374	144992
速滑	43572	44994	47008	54527	55108	57703	56603	57368	49456	49603	51895
冬季两项	25424	29682	32404	32814	41355	42852	46764	51770	45057	46928	49383
单板滑雪	26365	28969	29715	33853	33865	35920	36884	38674	37945	40644	44065
北欧两项	11408	13261	11415	10768	9383	20113	15574	20625	15905	16444	16247
冰壶	3887	3803	3839	4560	7332	8989	8720	9046	9460	11246	14516
自由式滑雪	2058	3526	3555	4567	8553	14366	19613	17686	7941	4276	4169
跳台滑雪	2580	2580	3139	3706	3854	3097	3356	2888	2258	2287	2475
雪橇	1282	1886	1849	1911	2451	1812	1461	1527	1379	1624	1978
雪车	415	1137	877	2162	1038	1930	792	1064	1134	879	964

注：数据来源于俄罗斯联邦体育部2011—2021年体育统计观察（http://www.minsport.gov.ru）。

2021年俄罗斯女性参训冬奥项目人数最多的项目是越野滑雪，46.7万人，其次是花样滑冰，38.3万人，之后是高山滑雪，5.4万人，其余项目均少于3万人；与2011年相比，2021年女性参与冬奥项目人数增幅排在首位的项目是冰壶，增长7倍多，花样滑冰增加近7倍，其次是冰球和北欧两项，增幅分别为

267%和205%，之后是自由式滑雪、雪车和雪橇，增长近2倍[1]。

总的来看，俄罗斯冬奥项目群众基础雄厚，冬奥项目社会化普及度高，参训人数众多，为冬季项目竞技体育储备并输送了大量的优秀后备人才。

---

[1] Министерство спорта Российской Федерации. Статистическое наблюдение за физической культурой и спортом（по состоянию на 31.12.2021 г.）. http://www.minsport.gov.ru.
俄罗斯联邦体育部. 体育统计观察［EB/OL］.［2021-12-31］. http://www.minsport.gov.ru.

第四章 俄罗斯冬季项目体育后备人才培养体系的指导思想、原则与管理框架及其理论架构

探究俄罗斯冬季项目体育后备人才培养体系的指导思想，旨在更清晰地了解政府在促进后备人才培养与发展方面的总体战略思路、原则及其发展重点与方向，为后续的研究做好基础性工作。

第一节 俄罗斯冬季项目体育后备人才培养体系的指导思想、原则与管理框架

一、后备人才培养体系的指导思想

1991年苏联解体给俄罗斯政治和经济带来了巨大的冲击，居民生活水平和身体健康状况受到了较大的影响，竞技体育失去了苏联时期的辉煌。在此种情况下，普京总统于1999年发表了题为《千年之交的俄罗斯》的文章，提出"要建立一个强有力的国家政权体系，继承爱国主义、强国意识、国家观念、社会团结、传统价值观念，制定全国性长期发展战略"[1]。以此文为指导，2002年成立了俄罗斯总统体育运动委员会，旨在加强体育工作和奥运会等重大比赛的组织与管理，恢复和巩固其强国地位。2008年普京总统在关于《俄罗斯联邦2020年前体育发展战略》讲话中，明确指出要提高并全面改善居民生活水平和

---

[1] Путин В В. Россия на рубеже тысячелетий [N]. Независимая газета. 30-12-1999. https://www.rulit.me/books/rossiya-na-rubezhe-tysyacheletij-read-598514-1.html? ysclid=lh75qr22ie858273242.
  普京 В В. 千年之交的俄罗斯 [N]. 独立报 [EB/OL]. [1999-12-30]. https://www.rulit.me/books/rossiya-na-rubezhe-tysyacheletij-read-598514-1.html? ysclid=lh75qr22ie858273242.

第四章　俄罗斯冬季项目体育后备人才培养体系的指导思想、原则与管理框架及其理论架构

体质健康状况，完善高水平运动员和后备人才选拔与培养体系，提升俄罗斯竞技体育在国际赛场中的竞争力。可见，俄罗斯冬季项目体育后备人才培养体系以普京关于青少年体育发展目标和冬奥会重要讲话精神为指导，即加强青少年体育政策法规建设、创新体育教育体系、加快体育培训组织发展、完善青少年体育赛事体系、提升青少年运动技能水平、加大体育基础设施建设、提高体育教练员社会保障、促进青少年持续健康发展。

二、后备人才培养体系遵循的原则

通过文献资料的系统梳理与研究得出，俄罗斯冬季项目体育后备人才培养遵循四项原则。一是坚持必要性与充分性原则。即确定最佳的体育后备人才培养机构数量，合理配比体育教练员与运动员人数，提供后备人才培养所需的充足的物质、技术、资金等资源保障。二是坚持一致性与连续性原则。确保联邦、区域、市政各级体育后备人才培养组织，依据联邦培训标准与要求，严格遵照后备人才的年龄、运动项目特点，制定培养目标与任务，对其进行科学系统化培养，保证后备人才从一个培养阶段逐级晋升至另一个培养阶段，从一个培训机构转向另一个培训机构，中间环节不间断，保证培养过程的连续性。三是坚持技能与素质并行原则。充分考察后备人才的个性特点，挖掘其运动潜能，不断提升其运动技能水平，并加强其职业道德、职业精神和爱国主义教育，促其全面健康发展。四是坚持健康与恪守原则。尊重人才成长规律，进行科学训练，杜绝强制性和过度训练，禁止使用违禁药物及过量使用允许药理手段与方法，并遵守反兴奋剂规定，坚守"纯净"体育精神，对违规行为采取"零容忍"态度[1]。

三、后备人才培养的管理框架

俄罗斯联邦体育后备人才培养的管理架构是以体育学校、青少年体育学校、青少年专项奥林匹克储备体育学校、奥林匹克储备学校、体育培训中心等为依托，

---

[1] Федеральный центр подготовки спортивного резерва. Концепция подготовки спортивного резерва в российской федерации до 2025 года [J]. Вестник спортивного резерва, 2017 (1)：4-29.
联邦体育后备人才培训中心. 俄罗斯联邦2025年前俄罗斯联邦体育后备人才培养的构想 [J]. 体育后备人才通报, 2017 (1)：4-29.

并以联邦、区域、市政、各行业组织提供资金为保障,借助全俄、区域、地方等体育赛事体系为运动人才选拔平台,由俄联邦政府、俄罗斯奥委会、俄罗斯各单项体育协会等牵头管控的社会多元化主体协同培养的管理模式[1](图4-1)。

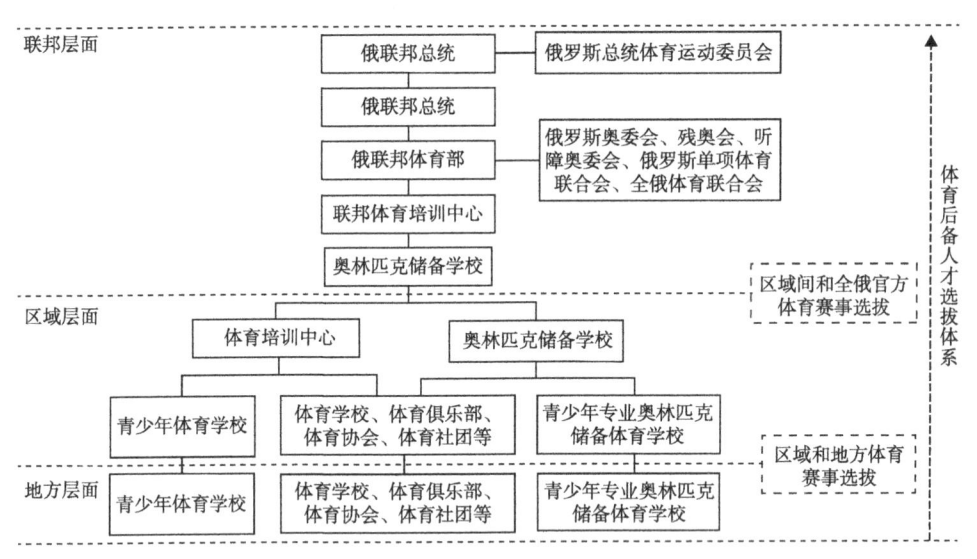

图 4-1 俄罗斯冬季项目体育后备人才培养管理架构

第二节 俄罗斯冬季项目体育后备人才培养体系的理论框架

一、后备人才培养体系的理论架构

体育后备人才培养体系最早创建于1934年。在普通教育组织中,它是以课外(补充)教育形式组织开展的[2]。这项技术借鉴了教育系统的形式和内容,

---

[1] Федеральный центр подготовки спортивного резерва. Концепция подготовки спортивного резерва в российской федерации до 2025 года [J]. Вестник спортивного резерва, 2017 (1): 4-29.
联邦体育后备人才训练中心. 俄罗斯联邦2025年前体育后备人才培养的构想 [J]. 体育后备人才通报, 2017 (1): 4-29.

[2] Самонов И И, Клецов К Г. О гармонизации законодатерства в сфере физической культуры, спорта и образования, концепции подготовки спортивного резерва и детско-юношеского спорта в российской федераций [J]. Вестник спортивной науки, 2021 (4): 31-36.
萨姆索诺夫 И И, 克列佐夫 К Г. 关于协调体育、运动和教育领域立法,俄罗斯联邦体育后备人才培养的构想以及儿童和青少年体育 [J]. 体育科学学报, 2021 (4): 31-36.

第四章　俄罗斯冬季项目体育后备人才培养体系的指导思想、原则与管理框架及其理论架构 ❖

多年来证明了其价值。但由于其日益凸显存在的技术落后问题[1]，苏联解体后，俄罗斯对体育后备人才培养体系进行了多次调整、修改与完善，进一步明晰了后备人才培养目标与任务[2]。总的来看，俄罗斯受以政府主导、社会多元主体协同培养模式的影响，其冬季项目体育后备人才培养体系注重培养主体的多元性、培养过程的连续性、培养内容的系统性。在经过多年实践检验的基础上，俄罗斯已建立了较为完善、系统和成熟的青少年体育后备人才培养体系[3]。基于人的全面发展理念和人才成长规律，研究认为，俄罗斯冬季项目体育后备人才培养体系主要由体育政策法规、体育组织体系、财政经费、师资队伍、培训体系、竞赛体系6个部分构成（图4-2）。

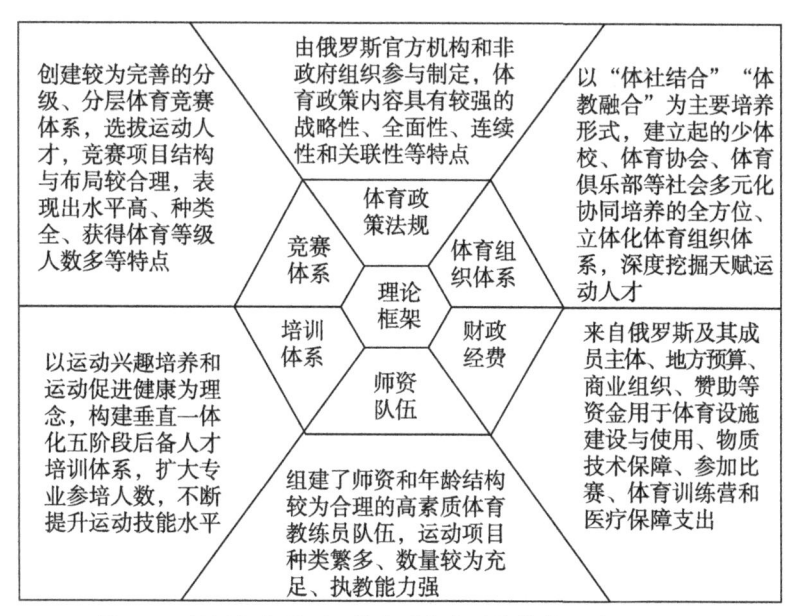

图4-2　俄罗斯冬季项目体育后备人才培养体系的理论架构

---

[1] Самсонов И И, Иванова М М, Клецов К Г. О порядке внедрения федеральных стандартов спортивной подготовки "нового поколения" [J]. Вестник спортивного резерва, 2021（6）：12-16.
  萨姆索诺夫 И И, 伊万诺娃 М М, 克列佐夫 К Г. 关于实施"新一代"体育培训联邦标准的程序[J]. 体育后备人才学报, 2021（6）：12-16.
[2] Правительство Российской Федерации. Федеральный закон "О физической культуре и спорте в Российской Федерации" от 4 декабря 2007 г. N329-ФЗ. http：//base. garant. ru/12157560/.
  俄罗斯联邦政府. 俄罗斯联邦体育法 [EB/OL]. [2007-12-4] N329-F3. http：//base. garant. ru/12157560/.
[3] 张健, 渠彦超, 高力翔. 国外竞技体育人才培养模式及其启示（二）——以德国与俄罗斯为例 [J]. 南京体育学院学报（自然科学版）, 2017, 16（5）：59-64.

二、后备人才培养体系的各组成部分及其关系

俄罗斯冬季项目体育后备人才培养体系的各组成部分关系紧密，彼此相互依托。其中，体育政策法规是后备人才培养的基础，明确规范了后备人才培养各参与主体责权，保证有法可依，运作规范；体育组织体系作为后备人才培养的载体，提供体育综合服务，培养后备人才体育素养、运动技能和竞赛能力；财政经费和师资队伍是后备人才培养的保障因素，前者满足后备人才培养过程中对物质技术设施、参赛训练、康复医疗等需求，后者在很大程度上决定了后备人才培养质量与比赛成绩的高低，对后备人才发展发挥着重要作用；培训体系为后备人才培养的核心，起到运动兴趣培养、运动技能水平提升、健康持续发展的作用；竞赛体系作为后备人才培养的杠杆，发挥着选拔运动人才、检验人才培养质量与效果的重要作用。

第五章　俄罗斯冬季项目体育后备人才培养的体育政策法规与体育组织体系

研究俄罗斯冬季项目体育后备人才培养的体育政策法规可以掌握其是如何通过法律和政策手段与方法促进冬季项目高质量发展以及确保后备人才培养质量的。作为肩负冬季项目体育后备人才培养的各类体育培训组织，其发展规模与变化趋势在一定程度上决定了人才输出的数量与质量。

第一节　俄罗斯冬季项目体育后备人才培养的体育政策法规

一、后备人才培养的体育政策制定主体

俄罗斯冬季项目体育后备人才培养的体育政策制定主体是由俄联邦政府、俄联邦体育部、俄联邦教育与科学部、俄联邦卫生部、俄联邦财政部、俄联邦劳动与社会保护部等官方机构和俄罗斯奥委会、俄罗斯各单项体育联合会等非政府组织参与制定的，呈多元化特点。各参与主体之间相互配合、协同发展，为挖掘运动天才，吸引更多的后备人才参与冬季运动项目，对其进行专业化培养，促其持续健康发展，构建出较为系统和完善的培养体系。

二、后备人才培养的体育政策内容

俄罗斯冬季项目体育后备人才培养的体育政策内容具有较强的战略性、全面性、连续性和关联性特点。从 2001 年俄联邦政府颁布的《俄罗斯联邦劳动法》、2002 年《俄罗斯联邦儿童、青少年、青年（2002—2005 年）体育教育与

健康计划》、2006年《俄联邦2006—2015年体育发展计划》、2007年《俄联邦体育运动法》、2009年《俄联邦2020年前体育发展战略》、2015年《俄联邦2016—2020年体育发展规划》、2018年《俄联邦2025年前体育后备人才培养构想》至2020年《俄联邦2030年前体育发展战略》等，其内容中提出加强冬季项目基础设施建设，提升后备人才综合素质与运动技能水平，并且从完善体育政策、扩大培养机构规模、加大财政经费支持力度、加大体育教练员投入力度、构建一体化人才培训体系、建立科学竞赛体系等方面，为促进冬季项目体育后备人才培养创造一切有利的条件，制定了详细的目标与任务及其采取的必要措施。这些政策的出台解决了不同时期冬季项目基础设施建设不足、财政资金短缺、参与冬季项目人数不足以及缺乏科学性培养等问题，既促进了前期政策的实施，又根据实际进展情况完善了后期政策内容。由俄联邦体育部先后出台的《关于批准俄联邦新建体育培训组织程序》《关于批准体育教育、培训和方法活动组织与实施特点》《关于批准体育培训组织遵守联邦体育培训标准的监测程序》《关于组织举办青少年和青年全俄官方体育赛事方法建议》《关于运动天才儿童选拔机制与标准方法建议》《关于俄联邦2024年前学生体育跨部门发展计划》等多个政策文件及其发布并下放到各级各类体育培养机构的《速度滑冰》《越野滑雪》《冬季两项》《花样滑冰》《北欧两项》《冰球》《单板滑雪》《高山滑雪》《雪车》《钢架雪车》《雪橇》《自由式滑雪》《冰壶》等冬季运动项目联邦培训标准文件10余项[1]，后期又对其进行了多次修订与完善，这些政策文件与上述联邦政策文件关联性紧密，互为补充，具体且量化，为规范各类运动项目后备人才培养、评价培养质量与效果、完善冬季项目体育后备人才培养体系发挥了重要作用。总的来看，截至2021年底，俄罗斯出台的有关体育后备人才方面的70余个体育政策法规文件中，涉及体育后备人才培养经费方面的文件6部、体育培训机构15部、体育教练员13部、运动天才7部、创新活动38部，基础运动7部，这些政策文件进一步明晰了各参与主体肩负的职责与任务，保证了后备人才培养经费投入，规范了体育培训机构行为，

---

[1] Ермилова В В，Михайлов Е Я，Филиппов С С. Правовой аспект разработки программ спортивной подготовки［J］. Ученые записки университета им. п. ф. лесгафта，2015，125（7）：75-81.
叶尔米洛娃 В В，米哈伊洛娃 Е Я，菲利波夫 С С. 制定体育培训计划的法律基础［J］. 莱斯加夫塔大学科学笔记，2015，125（7）：75-81.

提高了体育教练员社会保障，建立起天赋运动员选拔与各阶段科学化培养方法体系，发挥出体育赛事活动的杠杆作用，成为了俄罗斯冬季项目体育后备人才培养体系运行的重要支撑。

三、后备人才培养的主要政策背景、要义与采取的必要措施

基于俄罗斯年轻人健康状况恶化，仅有10%的毕业生是绝对健康的背景下，2002年俄联邦政府出台了《俄罗斯联邦儿童、青少年、青年（2002—2005年）体育教育与健康计划》，该计划制定了阶段性发展目标与任务，并提出了针对儿童、青少年和青年体育教育和健康问题的综合解决方案，包括促其经常参加体育运动，完善体育法律法规，改善物资技术基础设施、科研、教育、组织管理，更新体育教育和运动训练内容、形式与手段。政策实施路径主要包括制定联邦及其成员主体预算内和预算外资金支持计划、界定联邦计划执行机构及各参与主体权责、确定计划实施结果评估方案三个方面。

由于俄联邦体育后备人才培养的工作效率低，青少年参与体育运动不足[1]，俄罗斯体育与旅游署于2006年颁布了《俄罗斯联邦2006—2015年体育发展计划》[2]，该计划中提出阶段性体育发展目标与任务，并重点加强体育后备人才培训基地的现代化建设与改造，积极组织体育活动，加大财政经费支持力度等内容，并主要通过三个方面加以实施。一是明确联邦、区域和市政当局之间权责分配，协同公共体育组织、商业机构等多元主体参与计划的制定与实施；二是详细制定用于体育基础设施现代化建设的联邦各区域预算内与预算外财政支持计划；三是提高经常参加专业机构培训人数比例。在规划中提出，提高公民经常参加体育学校冬季运动项目培训人数比例（占俄罗斯联邦总人口的百分比）从2004年的0.238%提高到2015年的0.278%；公民参加专业体育机

---

[1] 马忠利，叶华聪，陈浩，等. 苏联解体后俄罗斯体育政策和演进及启示[J]. 上海体育学院学报，2014，38（1）：12-17.

[2] Правительство Российской Федерации. О федеральной целевой программе " Развитие физической культуры и спорта в Российской Федерации на 2006—2015 годы（11.01.2006）N7. https://base.garant.ru/189071/.

俄罗斯联邦政府. 俄罗斯联邦2006—2015年体育发展计划[EB/OL]. [2006-01-11] N7. https://base.garant.ru/189071/.

构培训人数比例（占6~15岁儿童和青少年总数的百分比）由2004年的13.8%增至2015年的30%。因各类体育后备人才培养组织培训标准不统一，缺少简明的培训体系，很难保证对后备人才进行科学化培养。为此，在2009年俄联邦政府出台的《俄罗斯联邦2020年前体育发展战略》中提出进一步完善青少年体育教育，加强政府、学校、体育组织等多部门合作，并从法律、组织、管理、物质资源保障、科研、方法、人员等方面，提出了具体的实施措施与要求，确保后备人才得到系统化培养。其具体实施路径包括完善体育后备人才选拔与培养制度；加快体育培训机构发展；开展体育后备人才培训体系的理论、方法等基础领域的科学研究；实施运动天才选拔制度；完善体育竞赛制度。

为进一步规范各类体育后备人才培训组织行为，俄罗斯体育部于2013年出台了《关于批准体育领域教育、训练和活动方法的组织与实施特点》，该文件中强调要加强后备人才科学化培养，并明确提出后备人才培养的五个阶段培训目标与任务、最佳培训年龄段、培训团队人数、培训周训练负荷量、开展训练营等基本要求，以规范体育后备人才培养标准，提高后备人才培养质量。

为了完善体育后备人才培养体系，创造条件，挖掘出天赋运动人才，俄罗斯政府于2014年颁布了《俄罗斯联邦国家计划"发展体育运动"》，该计划涵盖了2013年至2020年和2021年至2024年两个阶段发展目标与任务，以及联邦各区域具体实施措施。其具体实施内容包括以专业体育组织和高等教育组织为基础，发展青少年体育；增加非营利组织后备人才培养份额，提高其参与体育活动的有效性；完善体育基础设施建设；提出实现进入高水平运动技巧，提升阶段人数占运动技巧完善阶段的人数比例的目标。

为了保障并创造青少年体育培训所需的体育基础设施与条件，2015年1月21日俄罗斯体育部发布了《俄罗斯联邦2016—2020年体育发展计划》[1]，这是俄罗斯全国性综合体育发展计划，该计划旨在加强对俄罗斯联邦体育领域各项任务的国家层面支持，完成体育后备人才培养的战略性任务。计划中启用了

---

[1] Правительство Российской Федерации. Постановление Правительства РФ от 21 января 2015 г. N 30 О федеральной целевой программе "Развитие физической культуры и спорта в Российской Федерации на 2016—2020 годы"（21.01.2015）N 30. https:// base. garant.ru/70852372/.
俄罗斯联邦政府. 俄罗斯联邦2016—2020年体育发展计划［EB/OL］.［2015-01-21］N 30. https://base. garant.ru/70852372/.

第五章　俄罗斯冬季项目体育后备人才培养的体育政策法规与体育组织体系

17个联邦区域体育训练中心的基础设施，为儿童和青少年体育学校提供了200个人造草坪足球场，并为体校和奥林匹克储备学校提供1105套运动器材；同时规定6～15岁少儿参加体校培训人数从2015年的35%提高到2020年的50%；奥林匹克后备人才中等学校和少儿奥林匹克后备人才专项体校在校生中，有运动员等级的学生所占比例由2015年的46%增至2020年的48.5%；奥林匹克后备人才中等学校和少儿奥林匹克后备人才专项体校在校有运动员等级的学生中，Ⅰ级到功勋运动健将级学生所占比例从2015年的22%提高到2020年的23%，促进青少年体育发展[1]。

由于体育后备人才培养的各部门间互动性不足，现有体育后备人才培养体系需要不断完善与发展，2018年俄罗斯政府出台了《俄罗斯联邦2025年前体育后备人才培养构想》[2]，制定了2019年至2020年和2021年至2025年体育后备人才培养预期实现的目标与任务，采取的主要措施有完善后备人才培养法律法规，建立多部门协作，加强体育培训组织管理；提供物资技术、设施、财政经费支持；组建合理的体育教练员队伍；改进体育后备人才选拔与培训体系；完善体育竞赛体系。

截至2017年底，联邦统计观察显示，俄罗斯参与冰球运动人数持续增加，参加业余队和比赛的人数不断增加，专业体育院校和冰球培训机构缺少专业冰球场地和设施。为了进一步促其发展，俄罗斯联邦冰球联合会于2018出台了《俄罗斯联邦2018—2022年冰球发展规划》，其中提出改善冰球发展条件，完善冰球后备人才培养体系，提高青少年在国际比赛中的运动成绩，采取的具体措施有加强冰球基础设施建设；组织冰球体育赛事活动；加大对冰球运动天才的选拔力度；加强冰球体育后备人才储备，吸引青少年经常参加冰球运动；改善冰球物质、科技和组织等方面的条件；预防并杜绝兴奋剂的使用；宣传并普及冰球运动。

基于俄罗斯青少年越野滑雪国家运动队在2014年至2018年世锦赛和欧锦赛上取得了较稳定佳绩的背景下，2018年俄罗斯联邦越野滑雪联合会发布了

---

[1] 常利华．《俄罗斯联邦2016年—2020年体育发展计划》及其启示[J]．体育文化导刊，2015（11）：25-28．
[2] Правительство Российской Федерации. Концепция подготовки спортивного резерва в российской федерации до 2025 года（17.10.2018）N2245-P. http://www.minsport.gov.ru.
俄罗斯联邦政府．俄罗斯联邦2025年前体育后备人才培养构想［EB/OL］．[2018-10-17] N2245-P. http://www.minsport.gov.ru.

《俄罗斯联邦 2018—2022 年越野滑雪发展规划》，旨在满足青少年经常参加越野滑雪运动和比赛的需求，创造并改善各方面条件，并主要采取了 4 个方面的措施。举办赛事、训练营活动；加强青少年体育教练员培训；创建越野滑雪现代化设施条件；加大越野滑雪运动的宣传与推广力度。

截至 2017 年，参加高山滑雪运动人数大幅提升，为了促其持续发展，俄罗斯联邦高山滑雪联合会于 2018 年出台了《俄罗斯联邦 2018—2022 年高山滑雪发展规划》，制定出 2018 年至 2020 年和 2021 年至 2022 年两个阶段发展计划，如积极推广和普及高山滑雪运动；完善组织举办高山滑雪官方全俄体育赛事制度；加强体育后备人才储备，大力吸引青少年参加高山滑雪运动；提高体育教练员执教能力与水平；修订高山滑雪法律法规；巩固高山滑雪物质技术基础设施；完善高山滑雪信息保障体系。

联邦统计观察数据显示，2019 年学生经常参加体育组织培训人数比例为 83%，超过计划指标的 80%；6～15 岁学生参加专业体育组织培训人数比例为 41.2%；专职体育人员数量 40 万。为了持续推动体育高质量发展，2020 年俄罗斯政府颁布了《俄罗斯联邦 2030 年前体育发展战略》[1]，该战略中制定了 2020 年至 2024 年和 2025 年至 2030 年两阶段发展规划，并围绕体育后备人才选拔、体育赛事体系、体育基础设施建设、体育训练方法等方面提出发展措施，包括建立跨部门和跨领域合作，改进体育领域国家管理模式；完善青少年体育训练体系，为青少年体育发展创造条件；提高不同培训阶段的体育后备人才选拔效率等内容。

---

[1] Правительство Российской Федерации. Стратегия развития физической культуры и спорта в Российской Федерации на период до 2030 года. 24 ноября 2020г. ［EB/OL］. ［2020-11-2］. http://www.minsport.gov.ru.
俄联邦体育部. 俄罗斯联邦 2030 年前体育发展战略 ［EB/OL］. ［2020-11-2］. N3081. http://www.minsport.gov.ru.

第五章　俄罗斯冬季项目体育后备人才培养的体育政策法规与体育组织体系

第二节　俄罗斯冬季项目体育后备人才培养的体育组织体系

一、后备人才培养体育组织体系

俄罗斯体育后备人才是以"体社结合"[1]"体教融合"[2]为主要培养形式，并由体育系统、教育系统和其他系统承担。体育后备人才培养机构主要包括青少年体育学校、体育学校、奥林匹克培训中心、奥林匹克储备体育学校、奥林匹克储备学校、区域体育培训中心、儿童青少年体育俱乐部等，这些培养机构分别归属于体育系统、教育系统及其他系统，并形成一个全方位、立体化的体育培训组织体系[3]（图5-1）。

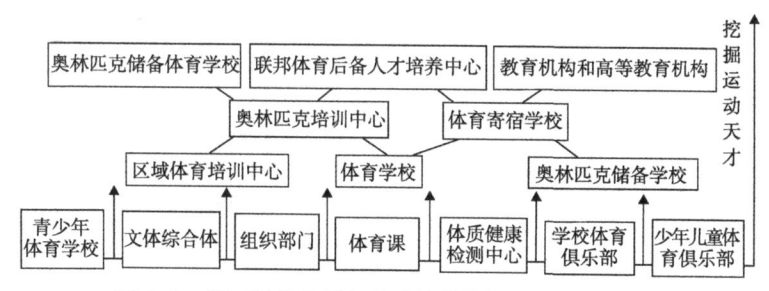

图5-1　俄罗斯体育后备人才培养的体育组织体系[4]

---

[1] Енченко И В. Финансовое обеспечение системы подготовки спортивного резерва в российской федерации [J]. Физическая культура. спорт. туризм. двигательная рекреация, 2019, 4 (1)：130-138.
延琴科 И В. 俄罗斯联邦体育后备人才培训体系的财政保障 [J]. 体育、运动、旅游及运动娱乐, 2019, 4 (1)：130-138.

[2] Самсонов И И, Клецов К Г.О гармонизации законодательства в сфере физической культуры, спорта и образования, концепции подготовки спортивного резерва и детско-юношеского спорта в российской федерации [J]. Вестник спортивной науки, 2021 (4)：31-36.
萨姆索诺夫 И И, 克莱佐夫 К Г. 关于协调体育、运动、教育领域立法, 体育后备人才培训的构想以及俄联邦儿童和青少年体育 [J]. 体育科学学报, 2021 (4)：31-36.

[3] Гончарова А И. Ткачева Е Г. Попов А П. Современные системы спортивной подготовки в российской федерации [J]. Наука-2020, 2019, 32 (7)：163-167.
贡查罗娃 А И, 特卡切娃 Е Г, 波波夫 А П. 俄罗斯现代体育培训体系 [J]. 科学-2020, 2019, 32 (7)：163-167.

[4] Федеральный центр подготовки спортивного резерва. Концепция подготовки спортивного резерва в российской федерации до 2025 года [J]. Вестник спортивного резерва, 2017 (1)：4-29.
俄罗斯联邦2025年前俄罗斯联邦体育后备人才培训的构想 [J]. 体育后备人才通报, 2017 (1)：4-29.

该体系通过地方层面的青少年体育学校、文体综合体、组织部门、体育课、体质健康检测中心、学校体育俱乐部、少年儿童体育俱乐部等机构挖掘天赋运动人才，进入区域和联邦层面的培训机构进行专业化培训学习，实现了培养过程的连续性，运动技能水平不断提升，并促进了各类培训机构之间的相互合作、协同发展，有助于挖掘天赋运动人才。据统计，俄罗斯体育后备人才培养机构数量呈现逐年稳步增长态势，2021 年培养机构总数 5061 所[1]，相较于 2011 年的 4816 所[2]，增幅为 5.1%（图 5-2）。

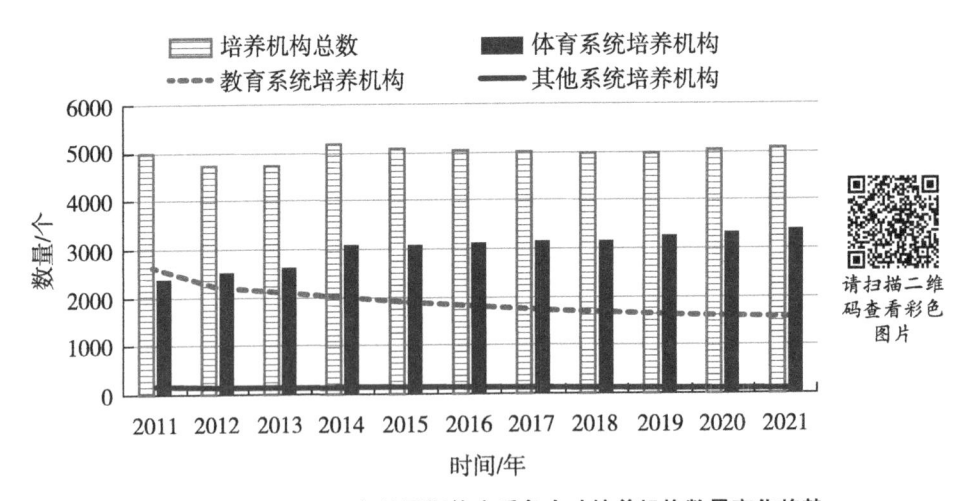

图 5-2　2011—2021 年俄罗斯体育后备人才培养机构数量变化趋势

注：数据来源于 2011—2021 年俄罗斯联邦体育部体育后备人才培养统计观察（http://www.minsport.gov.ru）。

二、体育组织机构特点与发展趋势

俄罗斯体育系统后备人才培养机构呈现出大规模、高增长、多样化、持续

---

[1] Министерство спорта Российской Федерации. Статистические наблюдения за подготовкой спортивного резерва（по состоянию на 31.12.2012 г.）. http://www.minsport.gov.ru.
俄罗斯联邦体育部. 体育后备人才培养统计观察 [EB/OL]. [2012-12-31]. http://www.minsport.gov.ru.

[2] Министерство спорта, туризма и молодежной политики Российской Федерации. Статистические наблюдения（по состоянию на 31.12.2012 г.）. http://www.minsport.gov.ru.
俄罗斯联邦体育部. 体育后备人才培养统计观察 [EB/OL]. [2012-12-31]. http://www.minsport.gov.ru.

第五章　俄罗斯冬季项目体育后备人才培养的体育政策法规与体育组织体系

发展的特点。由于俄罗斯政府高度重视社会多元主体参与体育后备人才培养，一方面推行积极政策，扩充社会体育培养机构的创建数量，另一方面加强体育系统与社会多元主体的深度合作，实现"体社结合"优秀后备人才培养。自2016年起，俄罗斯创建了一种新型体育学校[1]，该校是将社会各类公私体育后备人才培养机构吸引并纳入其中，如体育俱乐部、体育协会、体育社团等，强化"体社结合"培养，并对其后备人才的培养标准与方法进行科学规范化管理，而吸纳培养机构数量也成为俄罗斯政府监控和评价体育组织建设与发展成效的重要内容，给予实时监控、评估与对外公示。据统计，2021年体育系统培养机构总数3402个[2]，相较2011年的2405个[3]，增幅为41.5%，占培训机构总数的67.2%（图5-3）；体育学校由2016年的207个攀升至2021年的1815个[4]，增幅高达776.8%；奥林匹克储备体育学校从2016年的238个[5]增至2021年的1081个[6]，增幅达354.2%；其他组织由2014年的58个[7]增至

---

[1] Енченко И В. Финансовое обеспечение системы подготовки спортивного резерва в российской федерации [J]. Физическая культура. спорт. туризм. двигательная рекреация, 2019, 4 (1)：130-138.
延琴科 И В. 俄罗斯联邦体育后备人才培训体系的财政保障 [J]. 体育、运动、旅游及运动娱乐, 2019, 4 (1)：130-138.

[2] Министерство спорта Российской Федерации. Статистические наблюдения за подготовкой спортивного резерва (по состоянию на 31.12.2021 г.). http://www.minsport.gov.ru.
俄罗斯联邦体育部. 体育后备人才培养统计观察 [EB/OL]. [2021-12-31]. http://www.minsport.gov.ru.

[3] Министерство спорта, туризма и молодежной политики Российской Федерации. Статистические наблюдения (по состоянию на 31.12.2011 г.). http://www.minsport.gov.ru.
俄罗斯联邦体育部. 体育后备人才培养统计观察 [EB/OL]. [2011-12-31]. http://www.minsport.gov.ru.

[4] Министерство спорта Российской Федерации. Статистические наблюдения за подготовкой спортивного резерва (по состоянию на 31.12.2016 г.). http://www.minsport.gov.ru.
俄罗斯联邦体育部. 体育后备人才培养统计观察 [EB/OL]. [2016-12-31]. http://www.minsport.gov.ru.

[5] Министерство спорта Российской Федерации. Статистические наблюдения за подготовкой спортивного резерва (по состоянию на 31.12.2021 г.). http://www.minsport.gov.ru.
俄罗斯联邦体育部. 体育后备人才培养统计观察 [EB/OL]. [2021-12-31]. http://www.minsport.gov.ru.

[6] Министерство спорта Российской Федерации. Статистические наблюдения за подготовкой спортивного резерва (по состоянию на 31.12.2016 г.). http://www.minsport.gov.ru.
俄罗斯联邦体育部. 体育后备人才培养统计观察 [EB/OL]. [2016-12-31]. http://www.minsport.gov.ru.

[7] Министерство спорта Российской Федерации. Статистические наблюдения за подготовкой спортивного резерва (по состоянию на 31.12.2014 г.). http://www.minsport.gov.ru.
俄罗斯联邦体育部. 体育后备人才培养统计观察 [EB/OL]. [2014-12-31]. http://www.minsport.gov.ru.

2021年的225个[1]，增幅为287.9%，这表明俄罗斯"体社结合"的后备人才培养形式处于快速发展阶段，并在体育后备人才培养中发挥着愈加重要的作用。

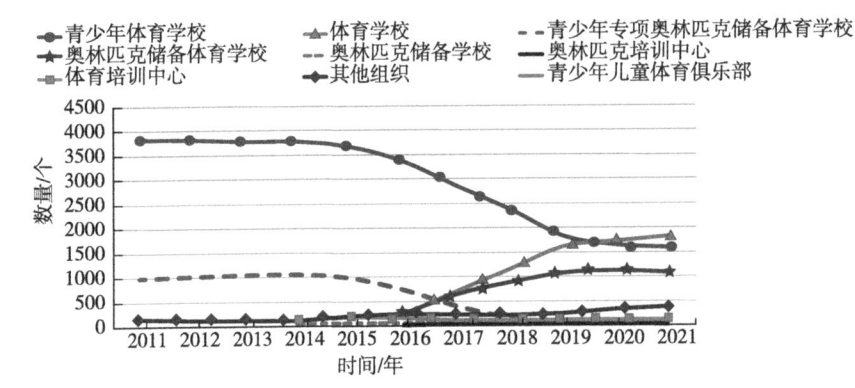

图5-3　2011—2021年俄罗斯体育后备人才各类体育组织机构变化趋势

注：数据来源于2011—2021年俄罗斯联邦体育部体育后备人才培养统计观察（http://www.minsport.gov.ru）。

在教育系统中，俄罗斯一直重视实施文化学习与运动健康教育相结合的"体教融合"后备人才培养，不断加强教育体系中运动兴趣和基本运动技能培养，扩展课外运动兴趣培训班，并大幅减少专业培养机构数量。据统计，2021年教育系统后备人才培养机构总数1567个[2]，相较于2011年的2578个[3]，降幅为39.2%；青少年体育学校由2011年的2222个[4]下降至2021年的1474个[5]，

---

[1] Министерство спорта Российской Федерации. Статистические наблюдения за подготовкой спортивного резерва (по состоянию на 31.12.2021 г.). http://www.minsport.gov.ru.
俄罗斯联邦体育部. 体育后备人才培养统计观察 [EB/OL]. [2021-12-31]. http://www.minsport.gov.ru.

[2] Министерство спорта Российской Федерации. Статистические наблюдения за подготовкой спортивного резерва (по состоянию на 31.12.2021 г.). http://www.minsport.gov.ru.
俄罗斯联邦体育部. 体育后备人才培养统计观察 [EB/OL]. [2021-12-31]. http://www.minsport.gov.ru.

[3] Министерство спорта, туризма и молодежной политики Российской Федерации. Статистические наблюдения (по состоянию на 31.12.2011 г.). http://www.minsport.gov.ru.
俄罗斯联邦体育部. 体育后备人才培养统计观察 [EB/OL]. [2011-12-31]. http://www.minsport.gov.ru.

[4] Министерство спорта Российской Федерации. Статистические наблюдения за подготовкой спортивного резерва (по состоянию на 31.12.2011 г.). http://www.minsport.gov.ru.
俄罗斯联邦体育部. 体育后备人才培养统计观察 [EB/OL]. [2011-12-31]. http://www.minsport.gov.ru.

[5] Министерство спорта Российской Федерации. Статистические наблюдения за подготовкой спортивного резерва (по состоянию на 31.12.2016 г.). http://www.minsport.gov.ru.
俄罗斯联邦体育部. 体育后备人才培养统计观察 [EB/OL]. [2016-12-31]. http://www.minsport.gov.ru.

第五章　俄罗斯冬季项目体育后备人才培养的体育政策法规与体育组织体系

降幅为33.7%；青少年专项奥林匹克储备体育学校从2011年的105个[1]下降至2015年的14个[2]，发生此现象可以解释为这些组织向新型体育组织过渡[3]；其他组织由2014年的37个[4]增至2021年的93个[5]，增幅151.4%。俄罗斯其他系统培养机构数量从2014年的124个[6]下降至2021年的92个[7]，降幅为25.8%。通过上述分析，反映出俄罗斯已建立起少体校、俱乐部、协会等社会多元化体育后备人才培养模式，形成了以"体社结合"和"体教融合"为主要培养形式，各个系统依托不同的培训机构，彼此相互影响，共同发展，并呈现出差异化的发展趋势与特点。

---

[1] Министерство спорта Российской Федерации. Статистические наблюдения за подготовкой спортивного резерва（по состоянию на 31.12.2011 г.）. http://www.minsport.gov.ru.
俄罗斯联邦体育部. 体育后备人才培养统计观察［EB/OL］.［2011-12-31］. http://www.minsport.gov.ru.

[2] Министерство спорта Российской Федерации. Статистические наблюдения за подготовкой спортивного резерва（по состоянию на 31.12.2015 г.）. http://www.minsport.gov.ru.
俄罗斯联邦体育部. 体育后备人才培养统计观察［EB/OL］.［2015-12-31］. http://www.minsport.gov.ru.

[3] Министерство спорта Российской Федерации. Состоялось совместное заседание коллегии минспорта россии и исполкома олимпийского комитета россии［EB/OL］.［2018-04-12］. https://www.minsport.gov.ru/press-centre/news/31999/.
俄罗斯联邦体育部. 俄罗斯体育部董事会与俄罗斯奥委会执行委员会举行联席会议［EB/OL］.［2018-04-12］. https://www.minsport.gov.ru/press-centre/news/31999/.

[4] Министерство спорта Российской Федерации. Статистические наблюдения за подготовкой спортивного резерва（по состоянию на 31.12.2014 г.）. http://www.minsport.gov.ru.
俄罗斯联邦体育部. 体育后备人才培养统计观察［EB/OL］.［2014-12-31］. http://www.minsport.gov.ru.

[5] Министерство спорта Российской Федерации. Статистические наблюдения за подготовкой спортивного резерва（по состоянию на 31.12.2021 г.）. http://www.minsport.gov.ru.
俄罗斯联邦体育部. 体育后备人才培训统计观察［EB/OL］.［2021-12-31］. http://www.minsport.gov.ru.

[6] Министерство спорта Российской Федерации. Статистические наблюдения за подготовкой спортивного резерва（по состоянию на 31.12.2014 г.）. http://www.minsport.gov.ru.
俄罗斯联邦体育部. 体育后备人才培养统计观察［EB/OL］.［2014-12-31］. http://www.minsport.gov.ru.

[7] Министерство спорта Российской Федерации. Статистические наблюдения за подготовкой спортивного резерва（по состоянию на 31.12.2021 г.）. http://www.minsport.gov.ru.
俄罗斯联邦体育部. 体育后备人才培训统计观察［EB/OL］.［2021-12-31］. http://www.minsport.gov.ru.

第六章　俄罗斯冬季项目体育后备人才培养的财政经费与师资队伍

财政经费和师资队伍在促进冬季项目发展和后备人才培养过程中发挥着重要的作用。特别是冬季项目体育基础设施需要较大的资金投入，财政经费支持力度就显得尤为重要。探究财政经费来源与使用方向，可以更好地了解和掌握国家各部门为加强后备人才培养采取了哪些具体保障措施，师资队伍结构反映了体育教练员、体育教师、体育裁判员等人员自身素质水平、年龄分布、专业背景等情况，关乎整个师资队伍的质量，肩负着人才培养的重要责任与义务。

第一节　俄罗斯冬季项目体育后备人才培养的财政经费

一、财政经费来源

体育后备人才培养问题在俄罗斯联邦国家政策中占有重要地位，并在国家最高战略层面给予充分考虑[1]。对体育后备人才培养的财政经费分析，应该从

---

[1] Вырупаев В К, Антонов Денис Павлович, Титова Н А, Найданов Баир Намдакович. Актуальные вопросы формирования системы подготовки спортивного резерва в российской федерации [J]. Наука и спорт：современные тенденции, 2018, 3（20）：47-52.
维鲁帕耶夫 В К，安东诺夫·丹尼斯·帕夫洛维奇，蒂托娃 Н А，等. 组建俄罗斯联邦体育后备人才培养体系的现实问题 [J]. 科学与体育：当前趋势, 2018, 3（20）：47-52.

第六章 俄罗斯冬季项目体育后备人才培养的财政经费与师资队伍

研究俄罗斯联邦体育部各年度统计监测报告中提供的指标展开研究[1]。俄罗斯体育后备人才培养的财政经费主要来自联邦、联邦各成员主体、地方预算、商业组织、赞助，并表现出增速快、保障力强、节支点高的特点，为体育系统、教育系统和其他系统组织有天赋的儿童、青少年和青年体育培训创造了条件。数据显示，2021年财政经费投入总数2159.6亿卢布，相较于2011年591.9亿卢布[2]，增幅高达265%，这些经费重点用于体育设施、物资技术保障、参赛与训练、举行健康训练营活动、医疗保障5个方面（图6-1），为开展后备人才培养基础性工作提供了充足的资金保障。2021年体育系统投入经费最高，为1798.4亿卢布，占经费总数的82.9%，经费投入最多的是体育设施使用支出338.2亿卢布，其次是物资技术保障支出159.6亿卢布，参赛与集训活动支出123.2亿卢布，举行训练活动支出42.2亿卢布、康复医疗活动支出5.3亿卢布[3]。

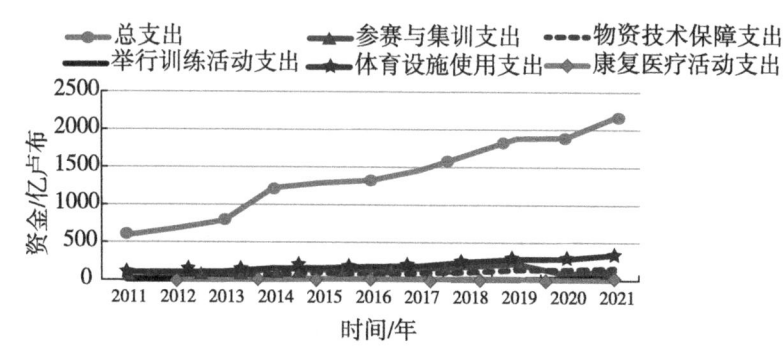

图6-1 2011—2021年俄罗斯体育后备人才培养财政经费支出情况

注：数据来源于2011—2021年俄罗斯联邦体育部体育后备人才培养统计观察（http://www.minsport.gov.ru）。

---

[1] Енченко Ирина Валерьевна. Финансовое обеспечение системы подготовки спортивного резерва в российской федерации [J]. Физическая культура. спорт. туризм. двигательная рекреация, 2019, 4（1）：130-138.
恩琴科·伊琳娜·瓦列里耶夫娜. 俄罗斯联邦体育后备人才培训体系的财政保障 [J]. 体育、运动、旅游及娱乐活动，2019，4（1）：130-138.

[2] Министерство спорта, туризма и молодежной политики Российской Федерации. Статистические наблюдения（по состоянию на 31.12.2011 г.）. http://www.minsport.gov.ru.
俄罗斯联邦体育部. 体育后备人才培养统计观察 [EB/OL]. [2011-12-31]. http://www.minsport.gov.ru.

[3] Министерство спорта Российской Федерации. Статистические наблюдения за подготовкой спортивного резерва（по состоянию на 31.12.2021 г.）. http://www.minsport.gov.ru.
俄罗斯联邦体育部. 体育后备人才培养统计观察 [EB/OL]. [2021-12-31]. http://www.minsport.gov.ru.

二、财政经费使用

俄罗斯体育后备人才培养的体育设施是由计划内和计划外的联邦、联邦各成员主体、市政、私人提供以及无偿使用这几部分构成，这为后备人才培养持续增长的现代化体育设施提供了强有力的支持[1]。据统计，2021年体育设施总量5.2万个，较2011年1.9万个，增幅174%（图6-2），其中主要包括健身房、平面运动设施、足球场、游泳馆、带看台体育场、田径场、划艇航道、自行车赛道、冰馆、滑雪场、冬季两项综合设施项目[2]。其中，滑雪场数量逐年增加，由2012年23个[3]升至2021年87个[4]，增幅278%（图6-3）；冬季两项综合设施，由2014年42个[5]升至2021年60个[6]，增幅42.9%（图6-4）；滑雪基地从2011年1048个[7]减至2021年998个[8]，降幅4.8%（图6-5）；

---

[1] Министерство спорта Российской Федерации. Статистические наблюдения за подготовкой спортивного резерва (по состоянию на 31.12.2021 г.). http://www.minsport.gov.ru.
俄罗斯联邦体育部. 体育后备人才培养统计观察 [EB/OL]. [2021-12-31]. http://www.minsport.gov.ru.

[2] Министерство спорта Российской Федерации. Статистические наблюдения за подготовкой спортивного резерва (по состоянию на 31.12.2021 г.). http://www.minsport.gov.ru.
俄罗斯联邦体育部. 体育后备人才培养统计观察 [EB/OL]. [2021-12-31]. http://www.minsport.gov.ru.

[3] Министерство спорта Российской Федерации. Статистические наблюдения за подготовкой спортивного резерва (по состоянию на 31.12.2012 г.). http://www.minsport.gov.ru.
俄罗斯联邦体育部. 体育后备人才培养统计观察 [EB/OL]. [2012-12-31]. http://www.minsport.gov.ru.

[4] Министерство спорта Российской Федерации. Статистические наблюдения за подготовкой спортивного резерва (по состоянию на 31.12.2021 г.). http://www.minsport.gov.ru.
俄罗斯联邦体育部. 体育后备人才培养统计观察 [EB/OL]. [2021-12-31]. http://www.minsport.gov.ru.

[5] Министерство спорта Российской Федерации. Статистические наблюдения за подготовкой спортивного резерва (по состоянию на 31.12.2014 г.). http://www.minsport.gov.ru.
俄罗斯联邦体育部. 体育后备人才培养统计观察 [EB/OL]. [2014-12-31]. http://www.minsport.gov.ru.

[6] Министерство спорта Российской Федерации. Статистические наблюдения за подготовкой спортивного резерва (по состоянию на 31.12.2021 г.). http://www.minsport.gov.ru.
俄罗斯联邦体育部. 体育后备人才培养统计观察 [EB/OL]. [2021-12-31]. http://www.minsport.gov.ru.

[7] Министерство спорта, туризма и молодежной политики Российской Федерации. Статистические наблюдения (по состоянию на 31.12.2011 г.). http://www.minsport.gov.ru.
俄罗斯联邦体育部. 体育后备人才培养统计观察 [EB/OL]. [2011-12-31]. http://www.minsport.gov.ru.

[8] Министерство спорта Российской Федерации. Статистические наблюдения за подготовкой спортивного резерва (по состоянию на 31.12.2021 г.). http://www.minsport.gov.ru.
俄罗斯联邦体育部. 体育后备人才培养统计观察 [EB/OL]. [2021-12-31]. http://www.minsport.gov.ru.

2021年室内冰场747个[1]相较2014年[2]增幅77%（图6-6）。

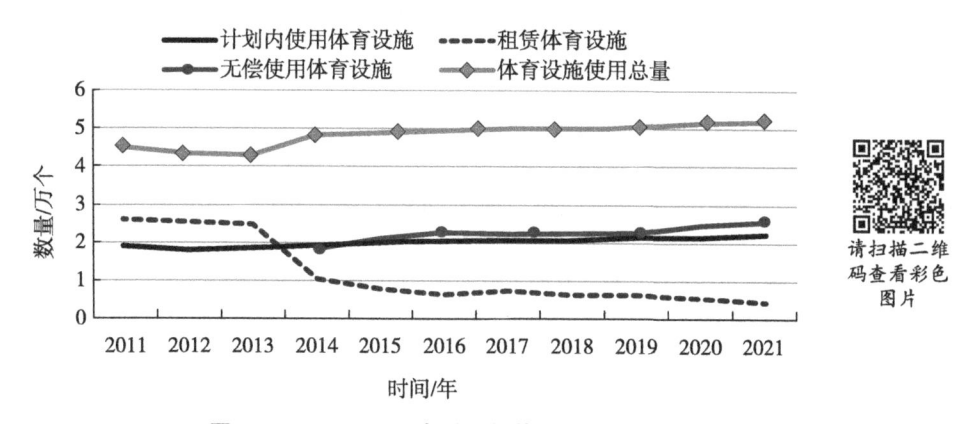

图6-2　2011—2021年俄罗斯体育设施投入与使用情况

注：数据来源于2011—2021年俄罗斯联邦体育部体育后备人才统计观察（http://www.minsport.gov.ru）。

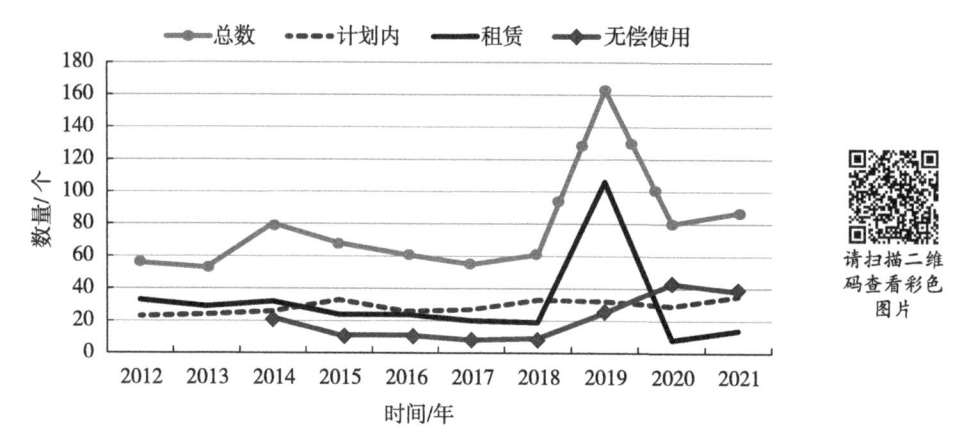

图6-3　2012—2021年俄罗斯滑雪场使用情况

注：数据来源于2011—2021年俄罗斯联邦体育部体育后备人才统计观察（http://www.minsport.gov.ru）。

---

[1] Министерство спорта Российской Федерации. Статистические наблюдения за подготовкой спортивного резерва（по состоянию на 31.12.2021 г.）. http://www.minsport.gov.ru.
俄罗斯联邦体育部. 体育后备人才培养统计观察［EB/OL］.［2021-12-31］. http://www.minsport.gov.ru.

[2] Министерство спорта Российской Федерации. Статистические наблюдения за подготовкой спортивного резерва（по состоянию на 31.12.2014 г.）. http://www.minsport.gov.ru.
俄罗斯联邦体育部. 体育后备人才培养统计观察［EB/OL］.［2014-12-31］. http://www.minsport.gov.ru.

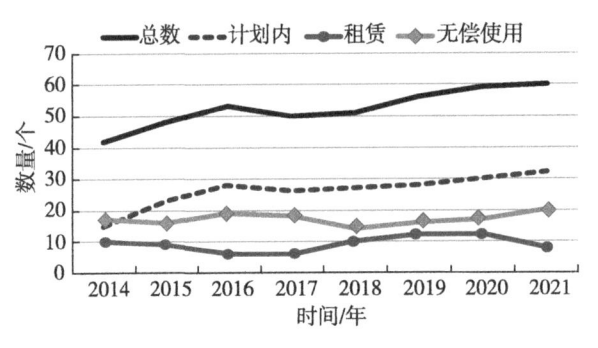

图 6-4　2014—2021 年俄罗斯冬季两项综合设施使用情况

注：数据来源于 2011—2021 年俄罗斯联邦体育部体育后备人才统计观察（http://www.minsport.gov.ru）。

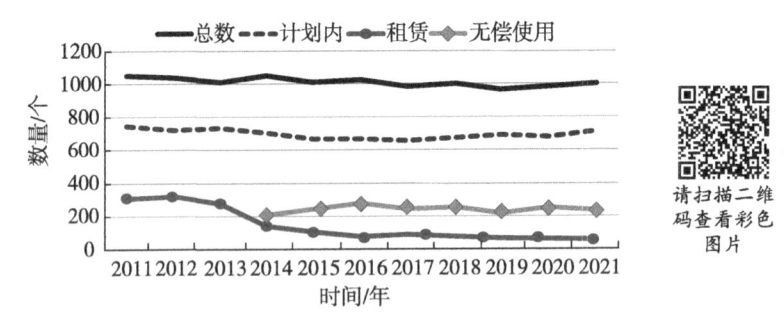

图 6-5　2012—2021 年俄罗斯滑雪基地使用情况

注：数据来源于 2011—2021 年俄罗斯联邦体育部体育后备人才统计观察（http://www.minsport.gov.ru）。

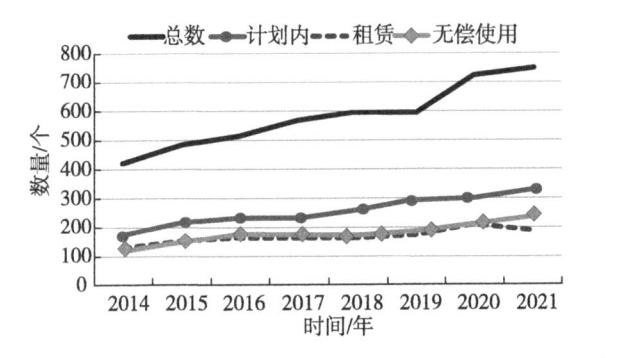

图 6-6　2012—2021 年俄罗斯室内人造冰场使用情况

注：数据来源于 2011—2021 年俄罗斯联邦体育部体育后备人才统计观察（http://www.minsport.gov.ru）。

第六章　俄罗斯冬季项目体育后备人才培养的财政经费与师资队伍

俄罗斯政府一直倡导联邦各成员主体和市政加大体育设施投入，尤为重视对奥运遗产、无偿体育设施的利用率，减少租赁体育设施使用量，制订并实施了一系列体育基础设施新建、重建、维修计划，为联邦各地区青少年提供了更为便捷和功能齐全的体育设施。从实施情况来看，计划内，联邦各成员主体体育设施投入量逐年大幅提升，由2011年2044个[1]上升为2021年4005个[2]，增幅达95.9%，占体育设施总数的18.2%。市政体育设施投入量平稳发展，2021年投入量1.8万个[3]，较2011年1.6万个[4]，增幅12.5%，占计划内体育设施总数的81.8%。计划外，体育设施租赁数量明显减少，从2011年2.6万个[5]减至2021年4278个[6]，降幅83.5%。无偿体育设施使用量明显提升，从2014年1.8万个增至2021年2.5万个，增幅38.9%。这表明，俄罗斯后备人才培养资金较为充足，体育设施建设较为完备，满足了后备人才训练、参赛、开展活动等各类经费需求。

通过对俄罗斯联邦体育后备人才培养的财政经费分析，可以肯定地说，近些年来俄罗斯在发展体育运动方面做了大量工作，特别是在支持体育组织实施体育后备人才培养方面。俄罗斯在国家和市政层面为后备人才高质量培养制订了一系列方案，并为后备人才培养提供了较为充足的各项活动资金，确保其持

---

[1] Министерство спорта, туризма и молодежной политики Российской Федерации. Статистические наблюдения (по состоянию на 31.12.2011 г.). http://www.minsport.gov.ru.
俄罗斯联邦体育部. 体育后备人才培养统计观察 [EB/OL]. [2011-12-31]. http://www.minsport.gov.ru.

[2] Министерство спорта Российской Федерации. Статистические наблюдения за подготовкой спортивного резерва (по состоянию на 31.12.2021 г.). http://www.minsport.gov.ru.
俄罗斯联邦体育部. 体育后备人才培养统计观察 [EB/OL]. [2021-12-31]. http://www.minsport.gov.ru.

[3] Министерство спорта Российской Федерации. Статистические наблюдения за подготовкой спортивного резерва (по состоянию на 31.12.2021 г.). http://www.minsport.gov.ru.
俄罗斯联邦体育部. 体育后备人才培养统计观察 [EB/OL]. [2021-12-31]. http://www.minsport.gov.ru.

[4] Министерство спорта, туризма и молодежной политики Российской Федерации. Статистические наблюдения (по состоянию на 31.12.2011 г.). http://www.minsport.gov.ru.
俄罗斯联邦体育部. 体育后备人才培养统计观察 [EB/OL]. [2011-12-31]. http://www.minsport.gov.ru.

[5] Министерство спорта, туризма и молодежной политики Российской Федерации. Статистические наблюдения (по состоянию на 31.12.2011 г.). http://www.minsport.gov.ru.
俄罗斯联邦体育部. 体育后备人才培养统计观察 [EB/OL]. [2011-12-31]. http://www.minsport.gov.ru.

[6] Министерство спорта Российской Федерации. Статистические наблюдения за подготовкой спортивного резерва (по состоянию на 31.12.2021 г.). http://www.minsport.gov.ru.
俄罗斯联邦体育部. 体育后备人才培养统计观察 [EB/OL]. [2021-12-31]. http://www.minsport.gov.ru.

续健康发展[1]。

第二节　俄罗斯冬季项目体育后备人才培养的师资队伍

一、后备人才培养的师资队伍总体建设

俄罗斯后备人才培养的师资队伍主要是由在职、兼职和外聘的体育教练员和体育教师构成，其在选拔运动人才、运动定向、运动技能培养、运动成绩提升等方面发挥着重要的作用。自2013年以来，俄罗斯联邦体育部不断修订和规范体育教练员和相关专家的职业教育标准与要求，加大投入，加强体育师资队伍培训，提升其执教能力与综合素质水平。每年在体育部官网上发布职业教育培训信息，并通过圣彼得堡国立体育大学、西伯利亚国立体育与运动大学、乌拉尔国立体育大学、伏尔加国立体育、运动和旅游学院、莫斯科国立体育学院等高等教育学校开展体育师资队伍的培训工作[2]。在2020年至2021年俄罗斯提供了经费总额9.7亿卢布用于体育教练员培训、再培训、进修等项目支出。为了调动体育人员工作积极性，政府逐年提高体育教练员及相关专家的薪资待遇水平，据联邦体育部统计监测，体育培训人员工资总额由2015年823.9亿升至2017年933.3亿卢布[3]。2017年俄罗斯政府出台了《国家和市政体育组织雇员薪酬制度形成的特点》文件，文中提出建立全俄统一的薪酬制度方案，进

---

[1] Енченко И В. Финансовое обеспечение системы подготовки спортивного резерва в российской федерации [J]. Физическая культура. спорт. туризм. двигательная рекреация，2019，4（1）：130-138.
延琴科 И В. 俄罗斯联邦体育后备人才培训体系的财政保障 [J]. 体育、运动、旅游及运动娱乐，2019，4（1）：130-138.

[2] Щенникова Марина Юрьевна，Петров Сергей Иванович. Подготовка кадров для спорта：современное состояние и направления развития [J]. Ученые записки университета имени П. Ф. Лесгафта，2017，147（5）：203-211.
申尼科娃·玛丽娜·尤里耶夫娜，彼得罗夫·谢尔盖·伊万诺维奇. 体育人员培训：现状与发展方向 [J]. 莱斯加夫塔大学的科学笔记，2017，147（5）：203-211.

[3] Енченко Ирина Валерьевна. Финансовое обеспечение системы подготовки спортивного резерва в российской федерации [J]. Физическая культура. спорт. туризм. двигательная рекреация，2019，4（1）：130-138.
恩琴科·伊琳娜·瓦列里耶夫娜. 俄罗斯联邦体育后备人才培训体系的财政保障 [J]. 体育文化、运动、旅游、运动娱乐，2019，4（1）：130-138.

第六章　俄罗斯冬季项目体育后备人才培养的财政经费与师资队伍

一步保障体育教练员、体育教师及相关专家的薪酬及待遇水平[1]。此外，俄罗斯非常重视体育后备人才培养的双师型高素质队伍建设，自 2018 年起，俄罗斯开始加大体育教师投入，平均每年增加 3400 万名体育教师，以构建科学合理的后备人才培养师资队伍而增设。据联邦体育部统计监测，2021 年俄罗斯冬季项目体育教练员和体育教师总数 1.13 万人，其中，冬季项目体育教练员 8557 人，占师资队伍总数的 76%，在职体育教练员 7011 人，占总数的 62%[2]，这是俄罗斯加强师资队伍建设的重点管理对象。数据显示，2021 年俄罗斯冬季项目体育教师 2712 人，占师资队伍总数的 24%[3]。从整体情况来看，2011 年[4]至 2021 年俄罗斯冬季项目体育后备人才培养的师资队伍呈现先低后高的发展趋势（图 6-7），2011 年至 2017 年发展较为平稳，2018 年达到最高[5]，体育教练员 1.13 万人，体育教师 4841 人，总计 1.6 万人，2019 年[6]下降，之后平缓发展。

---

[1] Тимакова Татьяна Серафимовна, Кулагина Юлия Борисовна, Шилина И А. Анализ состояния НМО в организациях, ответственных за подготовку спортивного резерва в стране [J]. Вестник спортивной науки, 2017（5）：23-27.
季玛科娃·塔季扬娜·谢拉菲莫夫娜，库拉吉娜·尤利娅 鲍里索夫娜，希琳娜 И А. 体育后备人才培训的科学方法支持状况分析 [J]. 体育科学，2017（5）：23-27.

[2] Министерство спорта Российской Федерации. Статистические наблюдения за подготовкой спортивного резерва（по состоянию на 31.12.2021 г.）. http://www.minsport.gov.ru.
俄罗斯联邦体育部. 体育后备人才培养统计观察 [EB/OL]. [2021-12-31]. http://www.minsport.gov.ru.

[3] Министерство спорта Российской Федерации. Статистические наблюдения за подготовкой спортивного резерва（по состоянию на 31.12.2021 г.）. http://www.minsport.gov.ru.
俄罗斯联邦体育部. 体育后备人才培养统计观察 [EB/OL]. [2021-12-31]. http://www.minsport.gov.ru.

[4] Министерство спорта, туризма и молодежной политики Российской Федерации. Статистические наблюдения（по состоянию на 31.12.2011 г.）. http://www.minsport.gov.ru.
俄罗斯联邦体育部. 体育后备人才培养统计观察 [EB/OL]. [2011-12-31]. http://www.minsport.gov.ru.

[5] Министерство спорта Российской Федерации. Статистические наблюдения за подготовкой спортивного резерва（по состоянию на 31.12.2018 г.）. http://www.minsport.gov.ru.
俄罗斯联邦体育部. 体育后备人才培养统计观察 [EB/OL]. [2018-12-31]. http://www.minsport.gov.ru.

[6] Министерство спорта Российской Федерации. Статистические наблюдения за подготовкой спортивного резерва（по состоянию на 31.12.2019 г.）. http://www.minsport.gov.ru.
俄罗斯联邦体育部. 体育后备人才培养统计观察 [EB/OL]. [2019-12-31]. http://www.minsport.gov.ru.

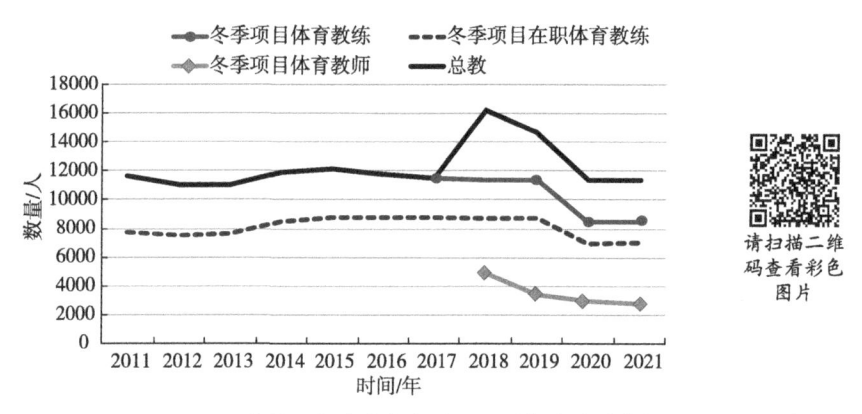

图 6-7　2011—2021 年俄罗斯青少年冬季项目后备人才培养师资队伍建设情况

注：数据来源于 2011—2021 年俄罗斯联邦体育部体育后备人才统计观察（http://www.minsport.gov.ru）。

二、在职体育教练员队伍的师资结构

俄罗斯在职体育教练员队伍的师资结构较为合理，呈现出高素质、专业化、规模化的特点。数据显示，2021 年冬季项目在职体育教练员总数 7011 人，其中具备高等职业教育 6079 人，占在职体育教练员总人数的 86.7%，具备中等职业教育在职教练员 840 人，占在职体育教练员总人数的 12%[1]；具备高等体育教育背景的体育教练员 5545 人，占比为 79.1%，拥有中等体育教育背景的体育教练员 693 人，占比为 9.9%。2011 年至 2021 年冬季项目在职体育教练员具有高等职业教育和体育教育背景的人数表现为先快速增长后期下降的发展趋势（图 6-8）。从整体情况来看，2014 年至 2019 年冬季项目在职体育教练员发展较为平稳，其中 2014 年[2]至 2019[3] 年 46～60 岁体育教练员人数最多，其次是 31～45 岁年龄

---

[1] Министерство спорта, туризма и молодежной политики Российской Федерации. Статистические наблюдения（по состоянию на 31.12.2021 г.）. http://www.minsport.gov.ru.
俄罗斯联邦体育部. 体育后备人才培养统计观察［EB/OL］.［2021-12-31］. http://www.minsport.gov.ru.

[2] Министерство спорта Российской Федерации. Статистические наблюдения за подготовкой спортивного резерва（по состоянию на 31.12.2014 г.）. http://www.minsport.gov.ru.
俄罗斯联邦体育部. 体育后备人才培养统计观察［EB/OL］.［2014-12-31］. http://www.minsport.gov.ru.

[3] Министерство спорта Российской Федерации. Статистические наблюдения за подготовкой спортивного резерва（по состоянию на 31.12.2019 г.）. http://www.minsport.gov.ru.
俄罗斯联邦体育部. 体育后备人才培养统计观察［EB/OL］.［2019-12-31］. http://www.minsport.gov.ru.

第六章 俄罗斯冬季项目体育后备人才培养的财政经费与师资队伍

段,之后是小于 30 岁体育教练员,大于 60 岁体育教练员人数相对较少(图6-9),而在 2018 年[1]至 2019 年[2] 31~45 岁年龄段的体育教练员人数超过了46~60 岁年龄段人数;2021 年小于 35 岁冬季项目在职体育教练员人数为2295 人,较 2020 年 2100 人增幅 9.3%[3];2020 年 35~49 岁在职体育教练员人数为 2130人,49~65 岁人数为 2060 人[4],这说明俄罗斯冬季项目拥有数量较为充足的高素质、专业综合实践能力强的在职体育教练员队伍,为后备人才培养提供了较为优质和充分的体育培训与指导。此外,俄罗斯重视体育教练员培训工作,每年持续加大培训资金投入。据统计,2020 年至 2021 年,俄罗斯提供了经费总额 9.7 亿卢布用于体育教练员培训、再培训、进修等项目支出,不断提升其执教能力与综合素质水平。

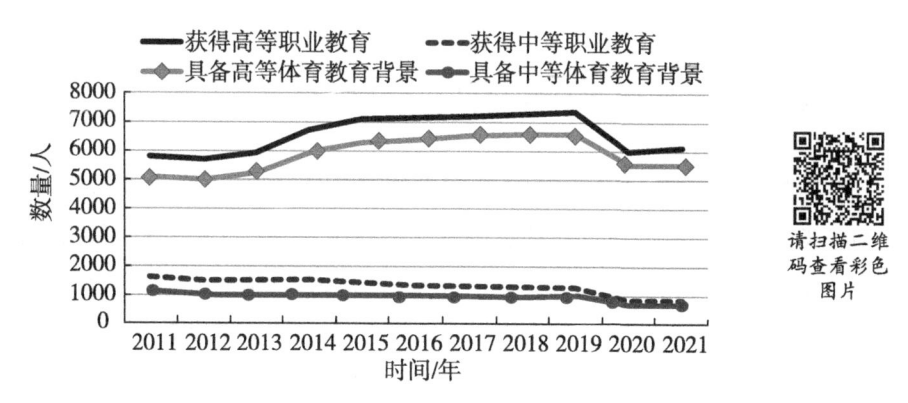

图 6-8　2011—2021 年俄罗斯冬季项目在职体育教练员获得职业教育情况

注：数据来源于 2011—2021 年俄罗斯联邦体育部体育后备人才统计观察（http://www.minsport.gov.ru）。

---

[1] Министерство спорта Российской Федерации. Статистические наблюдения за подготовкой спортивного резерва（по состоянию на 31.12.2018 г.）. http://www.minsport.gov.ru.
俄罗斯联邦体育部. 体育后备人才培养统计观察［EB/OL］.［2018-12-31］. http://www.minsport.gov.ru.

[2] Министерство спорта Российской Федерации. Статистические наблюдения за подготовкой спортивного резерва（по состоянию на 31.12.2019 г.）. http://www.minsport.gov.ru.
俄罗斯联邦体育部. 体育后备人才培养统计观察［EB/OL］.［2019-12-31］. http://www.minsport.gov.ru.

[3] Министерство спорта Российской Федерации. Статистические наблюдения за подготовкой спортивного резерва（по состоянию на 31.12.2021 г.）. http://www.minsport.gov.ru.
俄罗斯联邦体育部. 体育后备人才培养统计观察［EB/OL］.［2021-12-31］. http://www.minsport.gov.ru.

[4] Министерство спорта Российской Федерации. Статистические наблюдения за подготовкой спортивного резерва（по состоянию на 31.12.2020 г.）. http://www.minsport.gov.ru.
俄罗斯联邦体育部. 体育后备人才培养统计观察［EB/OL］.［2020-12-31］. http://www.minsport.gov.ru.

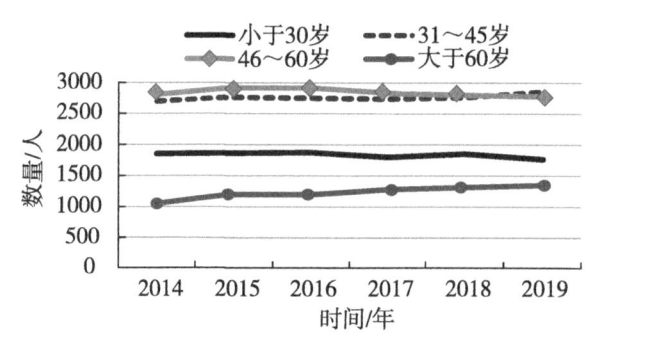

图 6-9　2014—2019 年俄罗斯冬季项目不同年龄段在职体育教练员分布情况

注：数据来源于 2014—2021 年俄罗斯联邦体育部体育后备人才统计观察（http://www.minsport.gov.ru）。

三、各项目在职体育教练员队伍建设

俄罗斯配有 7 大项 15 个分项冬季项目体育教练员[1]，从整体情况来看，俄罗斯各类冬季项目在职体育教练员师资队伍较为完善，优势项目师资力量较为雄厚，专业高素质人才数量多、专项种类覆盖面广，年龄结构较为合理，满足了不同层次、不同运动项目与技能水平体育后备人才培养的需求。数据显示，2021 年各类冬季项目体育教练员人数由高到低排序（表 6-1），排在前三位的是冰球 2382 人、越野滑雪 1793 人、花样滑冰 1010，其次是冬季两项 536 人、高山滑雪 363 人、速滑 314 人，之后是短道速滑 128 人、单板滑雪 137 人、自由式滑雪 103 人，其余项目均少于 100 人。其中在职冰球体育教练员 2382 人，占冰球体育教练员总人数的 73.3%；在职教练员获得高等职业教育人数 2106 人，占在职体育教练员总人数的 88.4%；具备高等体育教育背景人数 1970 人，占比 82.7%；小于 35 岁在职体育教练员 969 人，占比 40.7%，35～64 岁在职体育教练员 1302 人，占比 54.7%；大于 65 岁 111 人，占比为 4.7%。在职越野滑雪体育教练员 1793 人，占越野滑雪体育教练员总人数的 41.6%，在职教练员获得高等职业教育人数 1502 人，占在职体育教练员总人数的 83.8%，具备高等

---

[1] Министерство спорта Российской Федерации. Статистические наблюдения за подготовкой спортивного резерва（по состоянию на 31. 12. 2021 г.）. http://www.minsport.gov.ru.
俄罗斯联邦体育部. 体育后备人才培养统计观察［EB/OL］.［2021-12-31］. http://www.minsport.gov.ru.

体育教育背景人数1371人，占比76.5%；小于35岁在职体育教练员408人，占比22.8%；35~64岁在职体育教练员1076人，占比60%；大于65岁309人，占比17.2%。在职花样滑冰体育教练员1010人，占花样滑冰体育教练员总人数的82.1%，在职教练员获得高等职业教育人数876人，占比为86.7%；具备高等体育教育背景人数787人，占比77.9%；小于35岁在职体育教练员375人，占比37.1%，35~64岁在职体育教练员564人，占比55.8%；大于65岁71人，占比为7%[1]。这说明俄罗斯优势和潜在优势项目高素质体育教练员数量较为充足，为项目后备人才培养奠定了较为坚实的基础。

表6-1 2021年俄罗斯各类冬季项目体育教练员人数　　　　单位/名

运动项目	体育教师和体育教练员总数	在职体育教练员人数	在职教练员教育背景					在职教练员职级			在职教练员年龄		
^	^	^	高等教育	中等教育	体育教育背景		高级	一级	二级	小于35岁	36~64岁	大于64岁
^	^	^	^	^	高等教育	中等教育	^	^	^	^	^	^
冬季两项	813	536	477	54	431	48	220	33	102	138	305	93
雪车	43	22	21	1	16	1	5		4	5	14	3
高山滑雪	417	363	310	46	258	36	95	32	71	97	231	35
冰壶	70	51	41	10	33	8	14	1	10	27	21	3
速滑	406	314	279	33	260	26	161	18	58	80	182	52
北欧两项	99	61	52	7	50	5	19	6	13	16	34	11
越野滑雪	4310	1793	1502	267	1371	228	559	203	425	408	1076	309
跳台滑雪	85	62	54	8	53	8	31	4	10	18	31	13
雪橇	49	40	29	10	25	7	19	3	3	11	28	1
钢架雪车	12	9	6	3	5	3	2		4	2	5	2
单板滑雪	169	137	119	14	94	8	29	6	29	64	69	4

续表

运动项目	体育教师和体育教练员总数	在职体育教练员人数	在职教练员教育背景				在职教练员职级			在职教练员年龄		
^	^	^	高等教育	中等教育	体育教育背景		高级	一级	二级	小于35岁	36~64岁	大于64岁
^	^	^	^	^	高等教育	中等教育	^	^	^	^	^	^
花样滑冰	1230	1010	876	122	787	94	172	60	269	375	564	71
自由式滑雪	136	103	89	11	74	7	33	2	19	40	55	8
冰球	3251	2382	2106	244	1970	204	186	187	640	969	1302	111
短道速滑	179	128	118	10	118	10	41	9	24	45	64	19

注：数据来源于俄罗斯联邦体育部体育后备人才统计观察（http://www.minsport.gov.ru）。

相较于2011年，2021年冬季项目在职教练员人数增幅较大的运动项目分别是冰壶240%、自由式滑雪110%、单板滑雪104%，其后的雪车、短道速滑和冰球等项目均低于70%[1-2]（表6-2）。上述分析表明，俄罗斯组建了运动项目种类繁多、数量较为充足、专业综合素质高的体育教练员队伍，为各类运动项目后备人才提供了较为全面、科学和系统的专业化培养与指导。

表6-2　2011-2021年俄罗斯冬季运动项目在职体育教练员数量分布　单位/名

运动项目	2011年	2012年	2013年	2014年	2015年	2016年	2017年	2018年	2019年	2020年	2021年
冬季两项	460	473	508	630	620	614	600	610	625	550	536
雪车	14	10	15	34	26	28	29	33	32	31	22

---

[1] Министерство спорта, туризма и молодежной политики Российской Федерации. Статистические наблюдения（по состоянию на 31.12.2011 г.）. http://www.minsport.gov.ru.
俄罗斯联邦体育部. 体育后备人才培养统计观察［EB/OL］.［2011-12-31］. http://www.minsport.gov.ru.

[2] Министерство спорта Российской Федерации. Статистические наблюдения за подготовкой спортивного резерва（по состоянию на 31.12.2021 г.）. http://www.minsport.gov.ru.
俄罗斯联邦体育部. 体育后备人才培养统计观察［EB/OL］.［2021-12-31］. http://www.minsport.gov.ru.

续表

运动项目	2011年	2012年	2013年	2014年	2015年	2016年	2017年	2018年	2019年	2020年	2021年
高山滑雪	396	402	405	418	414	404	394	392	388	363	363
冰壶	15	17	18	35	37	40	44	49	61	52	51
速滑	370	353	343	383	391	382	376	369	366	314	314
北欧两项	62	61	61	72	79	80	84	84	78	59	61
越野滑雪	3309	3141	3100	3266	3263	3212	3067	3009	2938	1850	1793
跳台滑雪	69	68	72	79	76	77	80	85	77	58	62
雪橇	39	38	34	42	43	47	44	45	48	41	40
钢架雪车				18	17	16	18	15	14	7	9
单板滑雪	67	66	66	92	105	110	127	28	137	134	137
花样滑冰	822	821	881	1027	1036	1056	1067	1076	1075	970	1010
自由式滑雪	49	48	49	73	83	79	94	108	117	102	103
冰球	1902	1835	1955	2175	2283	2409	2473	2527	2587	2235	2382
短道速滑	89	101	107	123	126	135	137	143	158	129	128

注：数据来源于2011—2021年俄罗斯联邦体育部体育后备人才统计观察（http://www.minsport.gov.ru）。

第七章 俄罗斯冬季项目体育后备人才培训体系与竞赛体系

俄罗斯已构建出垂直一体化的冬季项目体育后备人才培训体系[1-2]。自2012年起，俄罗斯联邦国家体育科学中心专家在全面分析监管和法律基础、收集整理大量科学方法材料和总结国内外主要专家实践经验的基础上，经过反复修订和完善，制定出各类冬季项目联邦培训标准，并将其下放到各类体育培训机构，要求其以此为标准，设计后备人才培训计划，确保科学培养后备人才[3]。俄罗斯冬季项目后备人才培养体系是由运动健康、初级培训、专业训练、运动技巧完善和高水平运动技巧提升5个阶段构成[4]，并显现出开放、多

---

[1] Самсонов И И, Клецов К Г. О гармонизации законодательства в сфере физической культуры, спорта и образования, концепции подготовки спортивного резерва и детско - юношеского спорта в российской федерации [J]. Вестник спортивной науки, 2021 (4)：31-36.
萨姆索诺夫 И И，克莱佐夫 К Г. 关于协调体育、运动和教育领域立法，俄罗斯联邦体育后备人才培养的构想以及俄联邦儿童和青少年体育 [J]. 体育科学学报，2021 (4)：31-36.

[2] Федеральный центр подготовки спортивного резерва. Концепция подготовки спортивного резерва в российской федерации до 2025 года [J]. Вестник спортивного резерва，2017 (1)：4-29.
联邦体育后备人才培训中心. 俄罗斯联邦2025年前体育后备人才培养的构想 [J]. 体育后备人才通报，2017 (1)：4-29.

[3] Министерство спорта Российской Федерации. Об утверждении порядка осуществления контроля за соблюдением организациями，осуществляющими спортивную подготовку，федеральных стандартов спортивной подготовки. 16. 08. 2013N636. http：// www. consultant. ru/document/cons_doc_LAW_154070/.
俄罗斯联邦体育部. 关于批准监测体育培训组织遵守联邦体育培训标准的程序 [EB/OL]. [2013-08-16]. N636. http：// www. consultant. ru/document/cons_doc_LAW_154070/.

[4] Енченко Ирина Валерьевна. Финансовое обеспечение системы подготовки спортивного резерва в российской федерации [J]. Физическая культура. спорт. туризм. двигательная рекреация，2019，4 (1)：130-138.
恩琴科·伊琳娜·瓦列里耶夫娜. 俄罗斯联邦体育后备人才培训体系的财政保障 [J]. 体育、运动、旅游及娱乐活动，2019，4 (1)：130-138.

样化、动态、系统发展的特点。在考虑后备人才个性化特点的基础上，不同阶段分别施以差异化培训目标与内容、培训周期计划、培训周数与年训练次数、训练内容与训练服务参数、参赛训练计划、身体素质发展、集中训练计划[1]，提高后备人才培养数量与质量。

第一节　俄罗斯冬季项目体育后备人才培训体系

一、培训目标与评估内容

在俄罗斯冬季项目5阶段后备人才培训体系中（图7-1），第1阶段是运动健康阶段，是面向所有群体，以兴趣培养和巩固健康为主，强调通过运动达到促进人身体健康的目标。这一阶段主要评估参培者的身体健康状况、稳定性、协调性以及掌握运动理论知识水平情况。第2阶段是初级培训阶段，旨在培养体育运动兴趣，掌握基本运动技能、原理与方法，促其身体全面协调发展。此阶段主要评估个人身体指标提升状况、身体稳定性、掌握选择运动项目的技术水平情况。第3阶段是专业训练阶段，重在培养后备人才稳定的体育运动兴趣，强身健体，提高专业素养与能力及技战术、理论、心理和测试水平，并通过定期参加官方举办的体育赛事，积累实战经验。这一阶段主要评估后备人才的专业运动素质、技战术总体水平、参加官方比赛中的表现与成绩及身体健康状况。第4阶段是运动技巧完善阶段，旨在提高后备人才的专业技战术、理论、心理培训水平，增强身体机能、保持健康，建立参加高水平体育运动动机、保持稳定的体育比赛成绩，为有潜力的运动员创造各类参赛机会与条件，挖掘有实力的运动员，对于综合表现好的运动员将其直接列入运动健将候选人名单。此阶段主要评估后备人才的人体运动潜能状况、运动员培养数量、获得比赛名次、在官方比赛中的综合表现及成绩的稳定性，进入奥林匹克储备学校和体育培训中心培养的后备人才数量；第5阶段是高水平运动技巧提升阶段，该阶段主要

---

[1] Правительство Российской Федерации. Концепция подготовки спортивного резерва в российской федерации до 2025 года（17.10.2018）N2245-P. http://www.minsport.gov.ru.
俄罗斯联邦政府. 俄罗斯联邦2025年前体育后备人才培养的构想［EB/OL］.［2018-10-17］N2245-P. http://www.minsport.gov.ru.

是确保后备运动员参加官方举办的正式比赛，达到俄联邦国家运动队水平成绩，保持稳定的体育比赛成绩，并深入挖掘有潜力运动员，对于综合表现好的运动员将直接晋升为俄联邦体育运动健将。这一阶段主要评估后备人才进入国家运动队和国家后备队人员数量、参加官方组织的国际、全俄和区域间体育比赛的表现及成绩的稳定性、获得名次与称号数量情况[1]。在5阶段培训过程中，后备人才进入第3~5阶段才真正进入专业化培训，期间只有通过完成各阶段培训任务、达到阶段性测试水平与要求的参培人员才能进入下一阶段培训学习[2]。

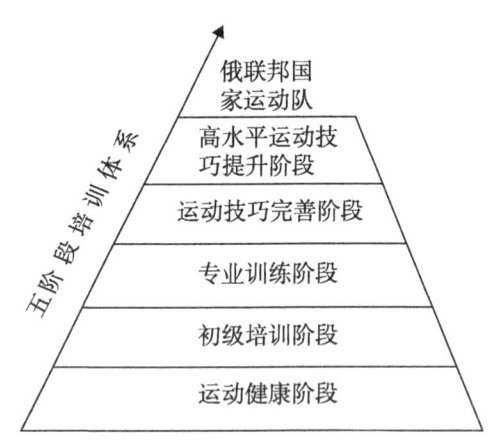

图7-1 俄罗斯青少年冬季项目体育后备人才培训体系[3]

---

[1] Антонов Д П, Братков К И, Гурин Я В. Опредерение особенностей режима действия федеральных стандартов спортивной подготовки и программ спортивой подготовки [J]. Вестник спортивной науки, 2013 (5): 49-52.
  安东诺夫 D P, 布拉特科夫 K I, 古林 La V. 规范联邦体育培训标准和体育培训计划制度的特点 [J]. 体育科学通报, 2013 (5): 49-52.

[2] Самонов И И, Клецов К Г. О гармонизации законодатерства в сфере физической культуры, спорта и образования, концепции подготовки спортивного резерва и детско-юношеского спорта в российской федераций [J]. Вестник спортивной науки, 2021 (4): 31-36.
  萨姆索诺夫 И И, 克列佐夫 К Г. 关于协调体育、运动和教育领域立法, 俄罗斯联邦体育后备队培养的构想以及俄联邦儿童和青少年体育 [J]. 体育科学学报, 2021 (4): 31-36.

[3] Федеральный центр подготовки спортивного резерва. Концепция подготовки спортивного резерва в российской федерации до 2025 года [J]. Вестник спортивного резерва, 2017 (1): 4-29.
  联邦体育后备人才培训中心. 俄罗斯联邦2025年前体育后备人才培养的构想 [J]. 体育后备人才通报, 2017 (1): 4-29.

二、培训周期计划

（一）总体情况

为了实现培训目标和规范体育培训机构工作，俄罗斯在经过反复论证的情况下制订了体育后备人才培训周期计划，并要求各培训机构以此为标准，结合后备人才的心理、年龄和生理状况，确定训练组人数以及年度培训周期结构[1]。从各项目体育后备人才培训周期的持续时间与培训年龄段的总体情况来看，第1阶段不限制或无要求。第2阶段需要3年，具体可以划分为1年内（小于1年）和2~3年（大于1年）2个阶段；适宜培训年龄段介于6~12岁，成员数量在10~16人。第3阶段需要5年，可分为1~2年（小于2年）和3~5年（大于2年）2个阶段；培训年龄段7~13岁，成员数量为6~12人。第4阶段与第5阶段的持续时间没有时间限制。其中，运动技巧提升阶段的培训年龄段在10~16岁，成员数量为2~8人；高水平运动技巧阶段的适宜培训年龄段在12~19岁，成员数量为1~4人（表7-1）。

表7-1 俄罗斯冬季项目各阶段后备人才培训周期计划

阶段	培训周期/年	最佳培训年龄段/岁	成员数量/人
1	—	—	—
2	3	6~12	10~16
3	5	7~13	6~12
4	—	10~16	2~8
5	—	12~19	1~4

注："—"表示不限制或没有要求；资料来源于俄联邦各类冬季运动项目联邦培训标准（http://www.minsport.gov.ru.）。

---

[1] Самсонов И И, Клецов К Г. О гармонизации законодательства в сфере физической культуры, спорта и образования, концепции подготовки спортивного резерва и детско-юношеского спорта в российской федерации [J]. Вестник спортивной науки, 2021（4）：31-36.
萨姆索诺夫 И И, 克莱佐夫 К Г. 关于协调体育、运动和教育领域立法, 体育后备队培训的构想以及俄联邦儿童青少年体育 [J]. 体育科学学报, 2021（4）：31-36.

（二）培训年龄段

从各项目后备人才专业化培训的具体年龄情况来看，不同冬季运动项目对培训年龄要求是有差异的，有些冬季运动项目后备人才培训适于早期开发，但有些项目不应过早开展。从科学的人才培养观来看，应充分考虑培养对象年龄与身体实际发育状况，结合运动项目特点，制定开展具体运动项目最佳年龄段，确保后备人才运动生涯持续健康发展。俄罗斯在经过多年的实践经验基础上，制定出青少年各类冬季运动项目不同阶段后备人才培训的较为适宜的年龄范围要求（表7-2）。

表7-2　俄罗斯冬季项目各阶段后备人才培训年龄要求　　　　单位/岁

阶段	越野滑雪	冰球	花样滑冰	冬季两项	高山滑雪	速滑	单板滑雪	自由式滑雪	北欧两项	冰壶	雪橇	雪车	钢架雪车
1	—	—	—	—	—	—	—	—	—	—	—	—	—
2	9	8	6	9	8	9	8	8	9	8	10	12	10
3	12	11	7	12	10	12	10	10	11	10	12	13	12
4	15	15	10	16	14	13	13	13	16	14	14	15	14
5	17	17	12	17	16	15	15	15	19	16	16	16	15

注："—"表示不限制或没有要求。

第1阶段没有年龄限制。在第2阶段花样滑冰项目后备人才培训年龄起步最早为6岁，而雪车项目年龄要求最大为12岁，其他运动项目初级培训年龄基本相差不大，介于1~2岁，其中，冰球、高山滑雪、单板滑雪、自由式滑雪和冰壶运动项目后备人才培训的起步年龄段相同为8岁；越野滑雪、冬季两项、速滑和北欧两项为9岁；雪橇和钢架雪车为10岁。在第3阶段和第4阶段各类冬季运动项目后备人才培训年龄均逐步提升；在第5阶段，北欧两项运动项目后备人才培训年龄要求最高为19岁，花样滑冰运动要求最低为12岁，其余项目介于15~17岁（图7-2）。

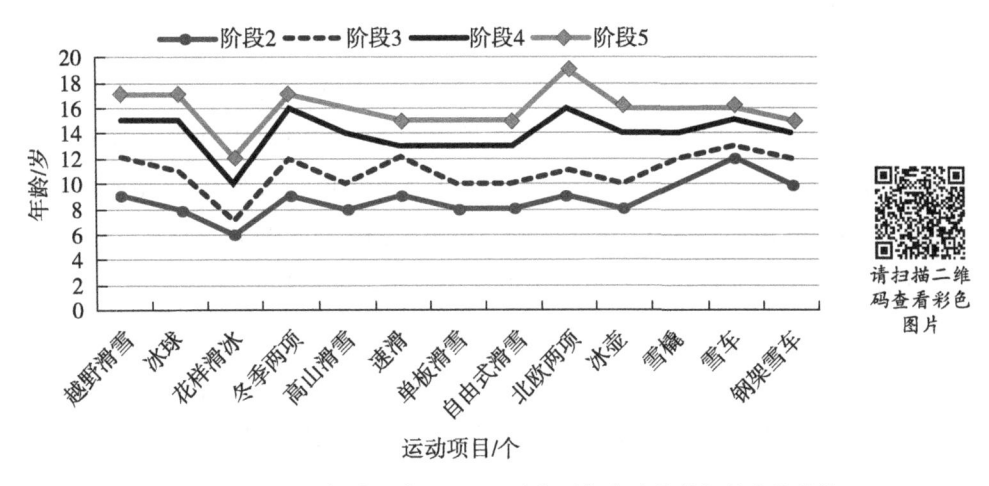

第七章 俄罗斯冬季项目体育后备人才培训体系与竞赛体系

图 7-2 俄罗斯冬季运动项目不同阶段后备人才培养年龄变化趋势

注：资料来源于俄联邦各类冬季运动项目联邦培训标准（http://www.minsport.gov.ru）。

（三）培训团队数量

从各类冬季运动项目后备人才专业化培养的小组团队成员数量情况来看，俄罗斯根据青少年后备人才成长发育状况，结合各类冬季运动项目特点，分别制定出青少年不同冬季运动项目各阶段后备人才培养小组团队成员数量要求，确保各阶段达成最佳的培训效果（表 7-3）。

表 7-3 俄罗斯冬季项目各阶段后备人才培养小组团队成员数量 单位：名

阶段	速滑	越野滑雪	冬季两项	花样滑冰	北欧两项	冰球	单板滑雪	高山滑雪	雪车	钢架雪车	雪橇	自由式滑雪	冰壶
1	—	—	—	—	—	—	—	—	—	—	—	—	—
2	12~15	14	10	10~15	12~15	14	10~15	10~15	12	12	14~16	10~15	10
3	10~12	10	6	5~8	10~12	10	7~12	7~12	6	6	5~12	9~12	8
4	4~7	6	2	3~4	4~7	6	2~6	2~6	1	1	4~8	4~6	4
5	1~4	3	1	3~4	1~4	3	1~4	1~4	1	1	1~4	1~4	2

注：资料来源于俄联邦各类冬季运动项目联邦培训标准. http://www.minsport.gov.ru。

在第 2 阶段，对于后备人才培养人数的要求相差不大，一般成员数量控制在 10~16 人，其中，雪橇运动项目成员人数较多为 14~16 人，其次是越野滑雪、冰球运动项目人数为 14 人，雪车和钢架雪车运动项目成员数量为 12 人，而冬季两项和冰壶运动项目人数最少为 10 人，其余项目人数介于 10~15 人；在第 3 阶段，只有冬季两项、雪车和钢架雪车运动项目人数减少最多，接近一半，其他冬季运动项目成员人数均相应减少；在第 4 阶段，冬季两项、雪车、钢架雪车运动项目成员数量减至 2 人，其余运动项目成员人数均呈平稳递减；在第 5 阶段中，冬季两项、雪车和钢架雪车采取一对一培训指导，冰壶运动为 2 人组，越野滑雪和冰球为 3 人组，花样滑冰为 3~4 人组，其他运动项目均为 1~4 人组（图 7-3）。

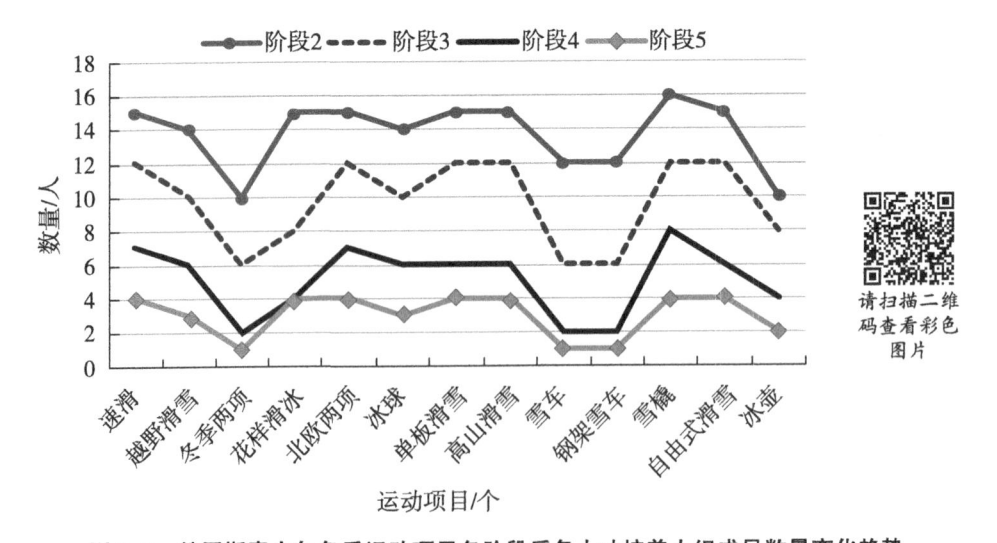

图 7-3　俄罗斯青少年冬季运动项目各阶段后备人才培养小组成员数量变化趋势

注：资料来源于俄联邦各类冬季运动项目联邦培训标准（http://www.minsport.gov.ru）。

三、培训周数与年训练次数

在充分考察培养对象年龄和运动项目特点的基础上，俄罗斯分别制定并规范出各类冬季项目不同阶段周训练时数、周训练次数、年训练总时数和年训练总次数，以逐步提升后备人才运动技能，并确保其运动生涯的持续发展。表 7-4~

表7-7分别为第2~5阶段后备人才培养周数与年训练次数。

从周训练时数来看，第2阶段第1年除了花样滑冰周训练时数10小时外，其他运动项目均为6小时，1年以上花样滑冰周训练时数明显高于其他运动项目，为14小时，其余运动项目9小时。从周训练次数的总体情况分析，各类冬季运动项目都介于3~5次（表7-4）。

表7-4 俄罗斯各类冬季项目第2阶段后备人才培训周数与年训练次数

运动项目	周训练时数/小时 第1年	周训练时数/小时 第2~3年	周训练数/次 第1年	周训练数/次 第2~3年	年训练总时数/小时 第1年	年训练总时数/小时 第2~3年	年训练总次数/次 第1年	年训练总次数/次 第2~3年
速滑	6	9	3~4	3~5	312	468	156~208	156~260
越野滑雪	6	9	3~4	3~5	312	468	156~208	156~260
冬季两项	6	9	3	3	312	468	156	156
花样滑冰	10	14	4	5	520	728	208	260
北欧两项	6	9	3~4	3~4	312	468	156~208	156~208
冰球	6	9	3	3	312	468	156	156
单板滑雪	6	9	4	5	312	468	208	760
高山滑雪	6	9	3~4	3~5	312	468	156~208	156~260
雪车/钢架雪车	6	9	3~4	3~5	312	468	156~208	156~208
雪橇	6	9	3	4	312	468	156	208
自由式滑雪	6	9	4	5	312	468	208	260
冰壶	6	9	3	4	312	468	156	208

注：资料来源于俄联邦各类冬季运动项目联邦培训标准（http://www.minsport.gov.ru）。

在第3阶段第1~2年培训中，花样滑冰周训练时数最多为18小时，其次是速滑、越野滑雪和冰球14小时，雪车和钢架雪车12~14小时，其余运动项目均为12小时；在第3~5年培训中，花样滑冰周训练时数最高为22小时，速滑和雪橇为20小时，其余项目为18小时。从周训练次数来看，第1~2年花样滑冰、冰壶最多为8次，速滑7～8次，越野滑雪6～7次，北欧两项最低为4次，其他项目介于4～6次；第3～5年花样滑冰、单板滑雪和自由式滑雪最高为12次，冬季两项、冰球和冰壶9次，速滑、越野滑雪和高山滑雪9～12次，雪车和钢架雪车7～12次，北欧两项、雪橇最少为6次（表7-5）。

表7-5 俄罗斯各类冬季项目第3阶段后备人才培训周数与年训练次数

运动项目	周训练时数/小时 第1～2年	周训练时数/小时 第3～5年	周训练数/次 第1～2年	周训练数/次 第3～5年	年训练总时数/小时 第1～2年	年训练总时数/小时 第3～5年	年训练总次数/次 第1～2年	年训练总次数/次 第3～5年
速滑	14	20	7～8	9～12	728	1040	364～416	468～624
越野滑雪	14	18	6～7	9～12	728	936	312～364	468～624
冬季两项	12	18	6	9	624	936	312	468
花样滑冰	18	22	8	12	936	1144	416	624
北欧两项	12	18	4	6	624	936	208	312
冰球	14	18	6	9	728	936	312	468
单板滑雪	12	18	6	12	624	936	312	624
高山滑雪	12	18	6	9～12	624	936	312	468～624
雪车/钢架雪车	12～14	18	4～6	7～12	624～728	936	208～312	364～624
雪橇	12	20	6	6	624	1040	312	312
自由式滑雪	12	18	6	12	624	936	312	624
冰壶	12	18	8	12	624	936	416	468

注：资料来源于俄联邦各类冬季运动项目联邦培训标准（http://www.minsport.gov.ru）。

第4阶段培训中，周训练时数与周训练次数最多的是花样滑冰32小时、14次，雪车/钢架雪车周训练时数最少为20～24小时，雪橇周训练次数最少为8次，其余项目周训练时数介于24～28小时，周训练次数在9～14次。越野滑雪较为特殊，前2年周训练时数为24小时，后3年为28小时，周训练课程数9～14次（表7-6）。

表7-6 俄罗斯各类冬季项目第4阶段后备人才培训周数与年训练次数

运动项目	周训练时数/小时 第1~2年	周训练时数/小时 第3~5年	周训练数/次 第1~2年	周训练数/次 第3~5年	年训练总时数/小时 第1~2年	年训练总时数/小时 第3~5年	年训练总次数/次 第1~2年	年训练总次数/次 第3~5年
速滑	28		9~14		1456		468~728	
越野滑雪	24	28	9~14	9~14	1248	1456	468~728	468~728
冰球	24	28	9	9	1248	1456	468	468
冬季两项	24		10		1248		520	
花样滑冰	32		14		1664		728	
北欧两项	24~28		8~10		1248~1456		416~520	
单板滑雪	28		14		1456		728	
高山滑雪	24~28		9~14		1248~1456		468~728	
雪车/钢架雪车	20~24		9~14		1040~1248		468~728	
雪橇	26		8		1352		416	
自由式滑雪	28		14		1456		728	
冰壶	24		10		1248		520	

注：资料来源于俄联邦各类冬季运动项目联邦培训标准（http://www.minsport.gov.ru）。

在第5阶段培训中，各类冬季项目周训练时数均为32小时；周训练次数最多的是花样滑冰、单板滑雪和自由式滑雪为14次，冬季两项和冰壶12次，北欧两项10~12次，速滑、越野滑雪、高山滑雪、雪车和钢架雪车9~14次，冰球9次，雪橇最少为8次（表7-7）。

表7-7 俄罗斯各类冬季项目第5阶段后备人才培训周数与年训练次数

运动项目	周训练时数/小时	周训练数/次	年训练总时数/小时	年训练总次数/次
速滑	32	9~14	1664	468~728
越野滑雪	32	9~14	1664	468~728

续表

运动项目	第5阶段			
	周训练时数/小时	周训练数/次	年训练总时数/小时	年训练总次数/次
冬季两项	32	12	1664	624
花样滑冰	32	14	1664	728
北欧两项	32	10～12	1664	520～624
冰球	32	9	1664	468
单板滑雪	32	14	1664	728
高山滑雪	32	9～14	1664	468～728
雪车/钢架雪车	32	9～14	1664	468～728
雪橇	32	8	1664	416
自由式滑雪	32	14	1664	728
冰壶	32	12	1664	624

注：资料来源于俄联邦各类冬季运动项目联邦培训标准（http://www.minsport.gov.ru）。

四、训练内容与训练负荷参数

依据各阶段培训目标要求，俄罗斯分别制定出各项目不同阶段培训内容与训练负荷参数比例标准，以使后备人才的专业综合身体素质、职业道德与运动技能水平得到稳步提升。体育培训机构据此制定具体的培训内容和训练负荷量，但其最大与最小负荷量必须在标准范围内。培训内容主要包括一般体能训练、专项体能训练、技术训练、战术和理论及心理训练、参加体育比赛和教练员与裁判员实践、医疗与生物医学和恢复活动及测试6项[1]。其中，体能训练是通过力量、速度、耐力、协调、灵敏等运动素质表现出来的人体基本的运动能力，

---

[1] Самсонов И И, Клецов К Г. О гармонизации законодательства в сфере физической культуры, спорта и образования, концепции подготовки спортивного резерва и детско-юношеского спорта в российской федерации [J]. Вестник спортивной науки, 2021（4）：31-36.
萨姆索诺夫 И И，克莱佐夫 К Г. 关于协调体育、运动和教育领域立法，俄罗斯联邦体育后备队培养的构想以及俄联邦儿童和青少年体育 [J]. 体育科学学报，2021（4）：31-36.

第七章 俄罗斯冬季项目体育后备人才培训体系与竞赛体系

是运动员竞技能力的重要构成因素,如在越野滑雪、北欧两项等项目中占有很大的比重。体能训练是一个旨在培养运动员身体素质、功能能力使运动员系统且全面发展的过程,为改善训练的各方面创造有利的条件。体能训练分为一般体能训练与专项体能训练,前者是运用非专项训练的手段对运动员开展训练,后者是围绕运动项目的技术、比赛规则和判定标准等制定的具有针对性的体能训练[1]。在现代运动训练中,体能与身体的完美程度无关,而是与素质和能力的发展水平相关,这些素质与能力对运动成绩和运动项目训练过程的有效性有间接影响。技术训练是运动训练的重要内容之一,是为使运动员掌握与提高专项运动技术进行的一种训练。技术训练的主要任务有两个,一是向运动员传授专项运动作为训练手段的竞技活动或练习技术的基础知识;二是改进并提高比赛过程中的运动技术形式。在某些动作复杂多样、协调性较高的运动项目,如花样滑冰、雪车、速滑等中占有很大比重,其内容分基本技术和高难技术两类。前者是技术训练的核心和基础,后者在高水平运动员训练中占重要地位。技术训练要求在全年和多年训练中系统地进行,并注意建立正确的技术概念,做到全面、实用、准确、熟练以及结合运动员个人特点形成独特的技术风格。战术训练是使运动员掌握运动项目在体育比赛中取得成功所必需的知识和战术技能;理论(智力)训练是为了取得高水平体育成绩,使运动员理解体育活动的本质、现象、过程和发展的智力能力的一个过程,掌握和运用体育活动知识和经验的程度,表现出其独立的思考能力、创造性思维能力等[2];心理训练是指通过各种手段有意识地对运动员的心理过程和个性特征施加影响,使运动员学会调节自己的心理状态,以便在训练和比赛中促进身体和技战术水平得到正常或超常的发挥[3]。此外,俄罗斯重视体育后备人才各阶段培养的科学方法支持,在充分考虑后备人才个性特征的基础上,根据其运动数据,通过阶段性综合调查、当前调查和赛事活动调查对其进行状态控制,制定合理的训练负荷量。

由于不同项目在阶段性培训中对培训对象体能、运动技巧和难度等素质与能力要求是不同的,使得各阶段不同项目的训练负荷参数比例形成明显的差异

---

[1] 田麦久,刘大庆. 运动训练学 [M]. 北京:人民体育出版社,2012.
[2] 荣敦国,王德新. 浅析运动智力因素的培养 [J]. 南京体育学院学报(自然科学版),2017,16(2):15-20.
[3] 何丽萍. 垒球运动员心理训练探讨 [J]. 西部体育研究,2010(4):130-132.

性。从总体情况来看，年训练共计 52 周，第 1 阶段无要求，故后面内容分析将从第 2 阶段开始至第 5 阶段结束。表 7-8～表 7-11 分别是第 2～5 阶段后备人才培训内容与训练负荷参数比例。

第 2 阶段各项目培训周期为 3 年，分为小于 1 年、大于 1 年两个阶段，具体为第 1 年和第 2～3 年。

在第 1 年一般体能训练中，雪车和钢架雪车占比要求最高为 71%～87%，其次是越野滑雪运动为 61%～64%，之后是冬季两项 55%～60%、速滑 47%～61%、北欧两项 44%～56% 和雪橇 39%～51%，其余运动项目均小于 35%；在第 2～3 年一般体能训练中，雪车和钢架雪车为 68%～85%，其次是越野滑雪 58%～60%，之后是北欧两项 44%～56%、冬季两项 40%～50%、速滑 39%～51% 和雪橇 33%～43%，其余项目均小于 40%。

在第 1 年专项体能训练中，雪车和钢架雪车占比最高为 71%～87%，其次是自由式滑雪、单板滑雪和高山滑雪为 37%～47%，之后是雪橇 25%～31%、冰壶 20%～22% 和速滑 18%～24%，其他项目均小于 22%；在第 2～3 年专项体能训练中，雪车和钢架雪车最高为 68%～85%，其次是单板滑雪、高山滑雪和自由式滑雪为 39%～50%，之后是速滑 27%～35%、雪橇 25%～31%、冰壶 25%～29%、越野滑雪 25%～28%，其余项目均小于 25%。

在第 1 年技术训练中，花样滑冰和冰壶要求较多，分别为 44%～56% 和 40%～42%，其次是冰球 33%～34%，之后是北欧两项 24%～31%，单板滑雪、高山滑雪、自由式滑雪 23%～29%，其他项目均小于 22%；在第 2～3 年技术训练中，花样滑冰占比最高为 42%～54%，其次是冰壶 38%～42%，之后是冰球 27%～28%，北欧两项 26%～34%，单板滑雪、高山滑雪和自由式滑雪 21%～27%，其余项目均小于 25%。

在战术、理论和心理训练中，速滑、越野滑雪、冬季两项无要求。在第 1 年训练中，冰壶明显高于其他项目为 12%～14%，其次是冰球、北欧两项和雪车，其中冰球的战术培训占比为 7%～9%、理论和心理培训为 5%～6%，北欧两项战术、理论和心理培训为 6%～8%，雪车为 5%～6%，其他项目介于 1%～5%；在第 2～3 年训练中，冰壶占比最高为 16%～20%，其次是冰球和雪车，其中冰球的战术培训为 7%～9%，理论和心理训练为 7%，雪车为 6%～7%，其余项目在 1%～6%。

第 1 年和第 2~3 年参加体能比赛/教练员和裁判员实践中，参赛占比最高的是冰球，分别为 33%~34% 和 27%~28%，其次是雪橇，参加体育比赛/教练员和裁判员实践培训分别为 7%~9% 和 8%~10%，雪车和钢架雪车无要求。越野滑雪和冬季两项在第 1 年无参加体育比赛/教练员和裁判员实践培训要求，在第 2~3 年无教练员和裁判员实践要求。

在第 1 年和第 2~3 年医疗、生物医学、恢复活动、控制与测试中，仅有冰球、越野滑雪和冬季两项设有此项内容，而冰球明显高于其他项目，分别为 24%~26% 和 29%~30%（表 7-8）。

此外，冬季两项较为特殊，在第 1 年和第 2~3 年还设有射击训练，分别为 3%~4% 和 8%~10%。

表 7-8 俄罗斯各类冬季项目第 2 阶段后备人才培训内容与训练负荷参数比例

运动项目	一般体能训练（%）第 1 年	一般体能训练（%）第 2~3 年	专项体能训练（%）第 1 年	专项体能训练（%）第 2~3 年	技术训练（%）第 1 年	技术训练（%）第 2~3 年	战术/理论和心理训练（%）第 1 年	战术/理论和心理训练（%）第 2~3 年	参加体育比赛/教练员与裁判员实践（%）第 1 年	参加体育比赛/教练员与裁判员实践（%）第 2~3 年	医疗、生物医学、恢复活动、控制与测试（%）第 1 年	医疗、生物医学、恢复活动、控制与测试（%）第 2~3 年
速滑	47~61	39~51	18~24	27~35	17~21	17~21	—	—	0.5~1	1~3	—	—
越野滑雪	61~64	58~60	18~21	25~28	15~18	10~12	—	—	—/—	1~3/—	1~3	1~3
冬季两项	55~60	40~50	15~20	19~24	10~14	9~12	—	—	—/—	1~2/—	1~2	2~3
花样滑冰	25~33	25~33	16~20	18~22	44~56	42~54	1~3	1~3	1~2	1~2	—	—
北欧两项	44~56	44~56	9~11	9~11	24~31	26~34	6~8	4~6	4~6	4~6	—	—
冰球	22~24	16~18	4~6	4~6	33~34	27~28	7~9/5~6	7~9/7	33~34/—	27~28/—	24~26	29~30
单板滑雪	25~32	26~34	37~47	39~50	23~29	21~27	2~3	2~3	1~2	1~2	—	—

续表

运动项目	第2阶段										
	一般体能训练（%）		专项体能训练（%）		技术训练（%）		战术/理论和心理训练（%）		参加体育比赛/教练员与裁判员实践（%）		医疗、生物医学、恢复活动、控制与测试（%）	
	第1年	第2~3年	第1年	第2~3年	第1年	第2~3年	第1年	第2~3年	第1年	第2~3年	第1年	第2~3年
高山滑雪	25~32	26~34	37~47	39~50	23~29	21~27	2~3	2~3	1~2	1~2	—	—
雪车	71~87	68~85	71~87	68~85	12~15	13~15	5~6	6~7	—	—	—	—
钢架雪车	71~87	68~85	71~87	68~85	15~17	15~17	4~5	5~6	—	—	—	—
雪橇	39~51	33~43	25~31	25~31	14~18	18~24	2~4	2~4	7~9	8~10	—	—
自由式滑雪	25~32	26~34	37~47	39~50	23~29	21~27	2~3	2~3	1~2	1~2	—	—
冰壶	25~27	15~19	20~22	25~29	40~42	38~42	12~14	16~20	1~3	2~6	—	—

注：资料来源于俄联邦各类冬季运动项目联邦培训标准（http://www.minsport.gov.ru）。

第3阶段培训周期为5年，分为小于2年和大于2年两个阶段，具体为第1~2年和第3~5年。

第1~2年一般体能训练要求比重较高的是北欧两项40%~50%和越野滑雪40%~42%，其次是速滑38%~44%和冬季两项30%~40%，之后是雪车28%~38%，钢架雪车26%~36%、单板滑雪、高山滑雪和自由式滑雪23%~29%，雪橇21%~27%，其余运动项目均小于24%；第3~5年一般体能训练中占比最高的是越野滑雪34%~36%和速滑32%~42%，其次是北欧两项27%~35%，单板滑雪、高山滑雪、自由式滑雪21%~27%，冬季两项20%~28%，之后是雪车18%~27%、雪橇17%~23%、钢架雪车16%~25%，其余项目均小于16%。

在第1~2年专项体能训练中，越野滑雪比重最高为28%~30%，其次是单板滑雪、高山滑雪、自由式滑雪26%~34%，速滑26%~33%，之后是钢架雪车25%~31%、雪车24%~32%、雪橇23%~29%、冰壶23%~27%，其余项目均小于26%；第3~5年专项体能训练中，速滑32%~42%、越野滑雪30%~32%

占比较高，其次是北欧两项29%～37%、钢架雪车29%～36%、雪车28%～35%、单板滑雪、高山滑雪和自由式滑雪26%～34%，之后是雪橇23%～29%、冰壶23%～27%，其余项目小于24%。

在第1～2年技术训练中，花样滑冰和冰壶要求较高，分别为46%～58%和36%～40%，其次是单板滑雪、高山滑雪、自由式滑雪28%～36%、雪橇23%～29%、北欧两项20%～26%，之后是速滑19%～23%、钢架雪车18%～22%、其余项目小于21%；第3～5年中，花样滑冰最高为49%～62%，其次是冰壶35%～39%、单板滑雪、高山滑雪、自由式滑雪30%～38%，之后是雪橇24%～30%、钢架雪车20%～24%，其他项目均小于24%。

在第1～2年战术、理论和心理训练中，冰壶比重明显高于其他项目为17%～21%，其次是雪橇10%～12%；第3～5年，冰壶要求最高为20%～24%，其次是雪车和雪橇9%～11%，钢架雪车8%～10%，冰球理论、心理培训占比为9%～10%，战术训练为8%～10%。

第1～2年参加体育比赛/教练员和裁判员实践中，冰球参赛要求显著高于其他项目为15%～16%，但无教练员和裁判员实践要求，其次是单板滑雪、高山滑雪、雪橇和自由式滑雪为8%～10%，之后是北欧两项和冰壶，分别为6%～8%和5%～9%，其余项目均小于7%；第3～5年，冰球参赛要求最高为15%～16%，但其参加教练员和裁判员实践要求较低，为3%～4%，其次是越野滑雪参赛要求10%～12%，其参加教练员和裁判员实践要求最低为2%～4%，其后的冬季两项参赛要求为8%～12%，实践为2%～5%，北欧两项、单板滑雪、高山滑雪、雪橇和自由式滑雪为8%～10%，冰壶为7%～11%，花样滑冰为7%～9%，其余项目为5%～6%。

在第1～2年和第3～5年医疗、生物医学、恢复活动、控制与测试中，仅有冰球、雪橇、越野滑雪和冬季两项有此项要求，其中冰球要求最高，分别为30%～32%和31%～32%，其次是雪橇，分别为4%～6%和7%～9%，冬季两项分别为2%～4%和3%～8%，越野滑雪为2%～4%（表7-9）。

此外，冬季两项在第1～2年和第3～5年射击培训分别为9%～12%和12%～16%。

表7-9 俄罗斯各类冬季项目第3阶段后备人才培训内容与训练负荷参数比例

运动项目	一般体能训练(%) 第1~2年	一般体能训练(%) 第3~5年	专项体能训练(%) 第1~2年	专项体能训练(%) 第3~5年	技术训练(%) 第1~2年	技术训练(%) 第3~5年	战术/理论和心理训练(%) 第1~2年	战术/理论和心理训练(%) 第3~5年	参加体育比赛/教练员与裁判员实践(%) 第1~2年	参加体育比赛/教练员与裁判员实践(%) 第3~5年	医疗、生物医学、恢复活动、控制与测试(%) 第1~2年	医疗、生物医学、恢复活动、控制与测试(%) 第3~5年
速滑	38~44	32~42	26~33	32~42	19~23	17~21	5~7	5~7	3~4	5~6	—	—
越野滑雪	40~42	34~36	28~30	30~32	16~18	10~12	2~4	3~5	2~4/1~3	10~12/2~4	2~4	2~4
冬季两项	30~40	20~28	19~25	18~23	9~12	8~12	2~4	3~6	2~4/1~3	8~12/2~5	2~4	3~8
花样滑冰	17~23	10~14	17~23	17~23	46~58	49~62	2~4	3~5	4~6	7~9	—	—
北欧两项	40~50	27~35	16~20	29~37	20~26	17~23	6~8	6~8	6~8	8~10	—	—
冰球	10~11	9~10	10~11	9~11	15~16	11~12	7~9/8~10	8~10/9~10	15~16/16~/	15~16/3~4	30~32	31~32
单板滑雪	23~29	21~27	26~34	26~34	28~36	30~38	3~4	3~4	8~10	8~10	—	—
高山滑雪	23~29	21~27	26~34	26~34	28~36	30~38	3~4	3~4	8~10	8~10	—	—
雪车	28~38	18~27	24~32	28~35	16~20	18~22	7~9	9~11	3~4	5~6	—	—
钢架雪车	26~36	16~25	25~31	29~36	18~22	20~24	6~8	8~10	3~4	5~6	—	—
雪橇	21~27	17~23	23~29	23~29	23~29	24~30	10~12	9~11	8~10	8~10	4~6	7~9
自由式滑雪	23~29	21~27	26~34	26~34	28~36	30~38	3~4	3~4	8~10	8~10	—	—
冰壶	15~19	11~15	23~27	23~27	36~40	35~39	17~21	20~24	5~9	7~11	—	—

注：资料来源于俄联邦各类冬季运动项目联邦培训标准（http://www.minsport.gov.ru）。

第七章 俄罗斯冬季项目体育后备人才培训体系与竞赛体系

在第4阶段培训中,一般体能训练要求较高的项目有越野滑雪25%~27%、北欧两项24%~30%、速滑22%~28%,其次是单板滑雪、高山滑雪、自由式滑雪20%~26%,其余项目小于24%。

专项体能训练占比较高的项目是速滑39%~51%、北欧两项35%~45%、越野滑雪35%~37%,其次是钢架雪车29%~37%、雪车28%~36%、单板滑雪、高山滑雪、自由式滑雪26%~34%,之后是雪橇和冰壶,分别为20%~26%和20%~24%,冰球最低为11%~12%。

技术训练中,花样滑冰要求最高为54%~69%,其次是冰壶35%~39%,之后是单板滑雪、高山滑雪、自由式滑雪31%~39%,其余项目均小于30%。

在战术、理论和心理训练中,冰壶远高于其他项目为24%~28%,其次是速滑和雪车为11%~13%,钢架雪车和雪橇介于10%~14%,而单板滑雪、高山滑雪和自由式滑雪要求最低为2%~3%。冰球在理论和心理训练中要求相对较高为11%~15%。

在参加体育比赛/教练员与裁判员实践中,冰球参赛要求最高为15%~16%,其次是北欧两项10%~12%,之后的花样滑冰、单板滑雪、高山滑雪、雪橇和自由式滑雪9%~11%、冰壶8%~12%;越野滑雪参赛要求比重较高为12%~14%,但参加教练员和裁判员实践要求最低为2%~4%,冬季两项参赛比重占比较高为9%~14%,教练员和裁判员实践要求较低为3%~5%。

在医疗、生物医学、恢复活动、控制与测试中,冰球要求明显高于其他运动项目为29%~31%,其次是雪橇11%~14%,之后是冬季两项和越野滑雪,分别为5%~8%和4%~6%,其余项目无此要求(表7-10)。

此外,冬季两项在第4阶段的射击训练比重为15%~20%。

表7-10 俄罗斯各类冬季项目第4阶段后备人才培训内容与训练负荷参数比例

运动项目	第4阶段					
	一般体能训练(%)	专项体能训练(%)	技术训练(%)	战术/理论和心理训练(%)	参加体育比赛/教练员与裁判员实践(%)	医疗、生物医学、恢复活动、控制与测试(%)
速滑	22~28	39~51	17~23	11~13	6~7	—

— 073 —

续表

运动项目	第4阶段					
	一般体能训练（%）	专项体能训练（%）	技术训练（%）	战术/理论和心理训练（%）	参加体育比赛/教练员与裁判员实践（%）	医疗、生物医学、恢复活动、控制与测试（%）
越野滑雪	25～27	35～37	10～12	4～6	12～14/2～4	4～6
冬季两项	12～18	17～24	7～9	4～7	9～14/3～5	5～8
花样滑冰	9～11	13～17	54～69	2～4	9～11	—
北欧两项	24～30	35～45	12～16	8～10	10～12	
冰球	7～9	11～12	7～10	8～12/11～15	15～16/3～4	29～31
单板滑雪	20～26	26～34	31～39	2～3	9～11	—
高山滑雪	20～26	26～34	31～39	2～3	9～11	—
雪车	18～23	28～36	20～25	11～13	6～7	
钢架雪车	16～21	29～37	22～27	10～12	6～7	
雪橇	15～19	20～26	22～28	10～14	9～11	11～14
自由式滑雪	20～26	26～34	31～39	2～3	9～11	—
冰壶	9～13	20～24	35～39	24～28	8～12	—

注：资料来源于俄联邦各类冬季运动项目联邦培训标准（http://www.minsport.gov.ru）。

在第5阶段培训中，一般体能训练要求最高的项目是北欧两项24%～30%，其次是单板滑雪、高山滑雪和自由式滑雪19%～25%，之后是雪车16%～20%、越野滑雪16%～18%，冰球要求最低为3%～4%。

在专项体能训练中，速滑46%～60%、越野滑雪38%～40%和北欧两项33%～42%要求较高，其次是钢架雪车29%～35%、雪车28%～34%，之后是单板滑雪、高山滑雪、雪橇和自由式滑雪20%～26%，花样滑冰最低为9%～11%。

在技术训练中，花样滑冰要求最高为56%～76%，其次是单板滑雪、高山滑雪和自由式滑雪38%～48%，之后是冰壶25%～28%、雪橇21%～27%，冰球要求最低为5%～6%。

在战术、理论和心理训练中，冰壶占比最高为34%～37%，其次是雪车16%～20%、钢架雪车15%～19%、冰球13%～15%，之后是雪橇和速滑10%～

14%，单板滑雪、高山滑雪和自由式滑雪要求最低为1%～2%。

在参加体育比赛/教练员和裁判员实践中，越野滑雪16%～18%、冰球15%～16%和冬季两项12%～18%对于参赛要求较高，而对参加教练员和裁判员实践要求较低；北欧两项对参赛/教练员和裁判员实践要求较高为14%～18%，之后的单板滑雪、高山滑雪、雪橇和自由式滑雪为10%～14%，其余项目均小于13%。

在医疗、生物医学、恢复活动、控制与测试中，仅有冰球30%～31%、雪橇10%～14%、越野滑雪8%～10%和冬季两项6%～10%4类项目有此要求（表7-11）。

此外，冬季两项在第5阶段的射击训练比重为15%～20%。

表7-11 俄罗斯各类冬季项目第5阶段后备人才培训内容与训练负荷参数比例

运动项目	一般体能训练（%）	专项体能训练（%）	技术训练（%）	战术/理论和心理训练（%）	参加体育比赛/教练员与裁判员实践（%）	医疗、生物医学、恢复活动、控制与测试（%）
速滑	11～15	46～60	18～24	10～14	7～9	—
越野滑雪	16～18	38～40	8～10	5～7	16～18/2～4	8～10
冬季两项	10～14	16～23	6～8	5～8	12～18/3～5	6～10
花样滑冰	9～11	9～11	56～76	2～4	9～11	—
北欧两项	24～30	33～42	12～16	4～6	14～18	—
冰球	3～4	13～14	5～6	13～15/13～15	15～16/3～4	30～31
单板滑雪	19～25	20～26	38～48	1～2	10～14	—
高山滑雪	19～25	20～26	38～48	1～2	10～14	—
雪车	16～20	28～34	14～18	16～20	7～9	—
钢架雪车	14～18	29～35	16～20	15～19	7～9	—
雪橇	13～17	20～26	21～27	10～14	10～14	10～14
自由式滑雪	19～25	20～26	38～48	1～2	10～14	—
冰壶	9～12	20～23	25～28	34～37	9～12	—

注：资料来源于俄联邦各类冬季运动项目联邦培训标准（http://www.minsport.gov.ru）。

五、参赛训练计划

依据后备人才年龄段与发育特点,俄罗斯分别设置了各项目不同阶段参赛训练计划,包括参加测试赛、选拔赛、年龄组体育比赛及竞赛[1],旨在通过参加各类国内外体育赛事提升其技战术实践能力与水平,丰富其参赛经验,检验其运动技能掌握情况,以考察后备人才培养质量与效果(表7-12)。

表7-12 俄罗斯各类冬季项目不同阶段后备人才参赛训练　　　单位/次

运动项目	赛事类型	第2阶段 第1年	第2～3年	第3阶段 第1～2年	第3～5年	第4阶段	第5阶段
花样滑冰	测试赛	2	2	3	3	3	3
	选拔赛	—	—	1	2～3	2～3	3
	体育比赛	2	2	2	4～6	5	6
北欧两项	测试赛	2	3	3	3	3	5
	选拔赛	—	—	2	3	4	7
	体育比赛	—	—	4	5	10	10
雪橇	测试赛	6	4	8	8	6	6
	选拔赛	—	1	2	2	4	4
	体育比赛	1	1	2	2	2	4
自由式滑雪	测试赛	2	3	5	7	8	7
	选拔赛	—	1	3	4	5	4
	体育比赛	—	—	1	2	4	9
冰壶	测试赛	1	1	1	2	2	3
	选拔赛	—	—	1	3	4	5
	体育比赛	—	1	3	5	6	12

---

[1] Самсонов И И, Клецов К Г. О гармонизации законодательства в сфере физической культуры, спорта и образования, концепции подготовки спортивного резерва и детско-юношеского спорта в российской федерации [J]. Вестник спортивной науки, 2021 (4):31-36.
萨姆索诺夫 И И, 克莱佐夫 К Г. 关于协调体育、运动和教育领域立法,俄罗斯联邦体育后备队培养的构想以及儿童和青少年体育 [J]. 体育科学学报, 2021 (4):31-36.

续表

运动项目	赛事类型	第2阶段 第1年	第2~3年	第3阶段 第1~2年	第3~5年	第4阶段	第5阶段
高山滑雪	测试赛	2	3	5	7	8	7
	选拔赛	—	1	3	4	5	4
	体育比赛	—	—	1	2	4	9
雪车/钢架雪车	测试赛	2~5	3~6	6~12	6~12	8~16	8~16
	选拔赛	—	—	2~4	2~5	2~8	2~8
	体育比赛	—	—	1~3	2~4	2~6	2~6
速滑	测试赛	2	3	6	9	10	9
	选拔赛	—	2	4	5	6	6
	体育比赛	—	—	2	3	5	12
越野滑雪	测试赛	2	3	6	9	10	9
	选拔赛	—	—	—	—	—	—
	体育比赛	—	2	6	8	11	18
冬季两项	测试赛	—	1	6	9	12	9
	选拔赛	—	—	4	5	7	6
	体育比赛	—	—	2	3	5	12
单板滑雪	测试赛	2	3	5	7	8	7
	选拔赛	—	1	3	4	5	4
	体育比赛	—	—	1	2	4	9
冰球 男	测试赛	—	2	2	3	3	2
	选拔赛	—	—	—	—	—	—
	体育比赛	—	—	1	1	1	1
	竞赛	—	15	30	36	60	70
冰球 女	测试赛	—	2	2	2	2	2
	选拔赛	—	—	—	—	—	—
	体育比赛	—	—	1	1	1	1
	竞赛	—	7	24	26	32	38

注：只有冰球运动项目区分男子或女子，其他运动项目未区分；"—"表示无要求；资料来源于俄罗斯各类冬季运动项目联邦培训标准（http://www.minsport.gov.ru）。

第 2 阶段第 1 年各项目安排测试赛数量由高到低排序分别是雪橇 6 次、雪车/钢架雪车 2～5 次，花样滑冰、北欧两项、自由式滑雪、高山滑雪、速滑、越野滑雪、单板滑雪分别为 2 次，冰壶 1 次；设置体育比赛项目仅有花样滑冰 2 次和雪橇 1 次。在第 2～3 年中，设有测试赛的项目有雪橇 4 次、雪车/钢架雪车 3～6 次，北欧两项、自由式滑雪、高山滑雪、速滑、越野滑雪、单板滑雪分别为 3 次，花样滑冰和冰球男女各 2 次，冰壶和冬季两项分别为 1 次；安排选拔赛项目有速滑 2 次、雪橇、自由式滑雪、高山滑雪和单板滑雪各 1 次；设置体育比赛项目有花样滑冰和越野滑雪各 2 次，雪橇和冰壶各 1 次；安排竞赛项目仅有冰球男 15 次、女 7 次。

第 3 阶段第 1～2 年各项目设置测试赛数量排序，首先是雪橇 8 次，其次是雪车/钢架雪车 6～12 次，速滑、越野滑雪和冬季两项各 6 次，之后的自由式滑雪、高山滑雪和单板滑雪分别为 5 次，花样滑冰和北欧两项各 3 次，冰壶 1 次，冰球男女各 2 次；安排选拔赛项目有速滑和冬季两项分别为 4 次，自由式滑雪、高山滑雪和单板滑雪各 3 次，雪车/钢架雪车 2～4 次，北欧两项和雪橇各 2 次，花样滑冰和冰壶各 1 次；设有体育比赛项目有越野滑雪 6 次、北欧两项 4 次、冰壶 3 次，花样滑冰、雪橇、速滑、冬季两项各 2 次，雪车/钢架雪车 1～3 次，自由式滑雪、高山滑雪、单板滑雪、冰球男女各为 1 次；设置竞赛项目有男子冰球 30 次，女子冰球 24 次。在第 3～5 年，安排测试赛项目中，速滑、越野滑雪、冬季两项各 9 次，雪橇 8 次，自由式滑雪、高山滑雪、单板滑雪各 7 次，雪车 6～12 次，花样滑冰、北欧两项和男子冰球各 3 次，冰壶和女子冰球为 2 次；选拔赛项目排序，首先是速滑和冬季两项分别为 5 次，其次是自由式滑雪、高山滑雪和单板滑雪各 4 次，之后是北欧两项、冰壶各 3 次，雪车/钢架雪车 2～5 次，花样滑冰 2～3 次、雪橇 2 次；安排体育比赛项目有越野滑雪 8 次，北欧两项、冰壶各 5 次，花样滑冰 4～6 次，冬季两项和速滑各 3 次，雪车/钢架雪车 2～4 次，雪橇、自由式滑雪、高山滑雪和单板滑雪各 2 次，冰球男女各 1 次；仅有冰球设有竞赛，其中男子冰球 36 次，女子冰球 26 次。

第 4 阶段各项目要求测试赛数量排序，冬季两项安排数量最多，为 12 次，其次是速滑和越野滑雪各 10 次，雪车/钢架雪车 8～16 次，自由式滑雪、高山滑雪和单板滑雪各 8 次，雪橇 6 次，花样滑冰、北欧两项、男子冰球各 3 次，冰壶、女子冰球各2次；选拔赛项目中，冬季两项7次，速滑6次，自由式滑雪、高山滑雪和单板滑雪各5次，北欧两项、雪橇和冰壶分别为4次，雪车/钢架雪车2~8次，花样滑冰2~3次。体育比赛项目中，越野滑雪11次，北欧两项10次，冰壶6次，花样滑冰、速滑和冬季两项各5次，自由式滑雪、高山滑雪和单板滑雪为4次，雪车/钢架雪车2~6次，雪橇2次，冰球男女各1次。竞赛项目中，冰球男子60次、女子32次。

第5阶段设有测试赛项目中速滑、越野滑雪、冬季两项分别为9次，雪车/钢架雪车8~16次，自由式滑雪、高山滑雪和单板滑雪各7次，雪橇6次，北欧两项5次，花样滑冰、冰壶各3次，冰球男女各2次。安排选拔赛项目有北欧两项7次，速滑和冬季两项6次，冰壶5次，雪橇、自由式滑雪、高山滑雪、单板滑雪各4次，花样滑冰3次，雪车/钢架雪车2~8次。设置体育比赛项目有越野滑雪18次，冰壶、速滑和冬季两项各12次，北欧两项10次，自由式滑雪、高山滑雪、单板滑雪各9次，花样滑冰6次，雪橇4次，雪车/钢架雪车2~6次，男子冰球2次，女子冰球1次，冰球设有竞赛项目，其中男子冰球70次、女子38次。

六、身体素质发展

为了测评阶段性培训效果，俄罗斯建立了各类运动项目综合身体素质评估指标体系，以了解其是否达到并符合各项目阶段性身体素质要求，确定其是否可以进入下一培训阶段，以及明确其身体素质优先发展方向与训练重点[1]。该指标体系是由速度、力量、稳定性、耐力性、灵敏性、协调性和体质体格构成，这7个身体要素对不同运动项目的重要性程度有相同也有差异之处（表7-13）。通常，数字3表示身体素质要素对运动项目起到重要影响作用，数字2表示影响中等，数字1表示影响不大，"—"表示无影响。

---

[1] Самсонов И И, Клецов К Г. О гармонизации законодательства в сфере физической культуры, спорта и образования, концепции подготовки спортивного резерва и детско-юношеского спорта в российской федерации [J]. Вестник спортивной науки, 2021（4）：31-36.
萨姆索诺夫 И И，克莱佐夫 К Г. 关于协调体育、运动和教育领域立法，俄罗斯联邦体育后备队培养的构想以及儿童和青少年体育 [J]. 体育科学学报，2021（4）：31-36.

表 7-13　不同身体素质要素对各项目的重要性程度

身体素质	越野滑雪	冰球	花样滑冰	冬季两项	速滑	单板滑雪	自由式滑雪	北欧两项	冰壶	雪橇	雪车	钢架雪车	高山滑雪
速度	3	3	2	3	3	2	2	3	2	3	3	3	2
力量	2	2	2	2	3	2	2	2	3	2	3	2	2
稳定性	—	—	3	—	2	3	3	3	3	2	2	3	3
耐力性	3	2	2	3	3	2	2	3	2	2	2	2	2
灵敏性	1	1	3	2	2	2	3	2	2	1	2	2	2
协调性	3	3	3	3	2	3	3	3	3	3	2	3	3
体质/体格	—	—	3	—	1	1	2	1	2	2	3	2	1

注：资料来源于俄罗斯各类冬季运动项目联邦培训标准（http://www.minsport.gov.ru）。

速度是体能训练的重点内容，也是身体训练的重要内容。由于速度是体育运动中重要的强度指标之一，所以速度训练对于后备人才掌握体育专业技能、发展体能及保持运动状态起着重要作用。速度对运动项目影响较大是越野滑雪、冰球、冬季两项、速滑、北欧两项、雪橇、雪车和钢架雪车，对其余项目影响中等。力量指的是一个或多个肌肉群所能产生的最大力量的度量，通常是通过锻炼中的 1RM 重量负荷来评估的。力量对速滑、冰壶和雪车影响大，对其他项目影响中等。稳定性对花样滑冰、单板滑雪、自由式滑雪、北欧两项、冰壶、钢架雪车和高山滑雪影响大，对速滑、雪橇和雪车影响中等，对越野滑雪、冰球和冬季两项无影响。耐力性对越野滑雪、冬季两项、速滑、北欧两项影响大，对其余项目影响中等。灵敏性对花样滑冰、自由式滑雪影响大，对越野滑雪、冰球和雪橇影响小，对其余项目影响中等。协调性能力对速滑、雪车影响中等，对其他项目影响大。体质/体格对花样滑冰和雪车影响大，对自由式滑雪、冰壶、雪橇和钢架雪车影响中等，对速滑、单板滑雪、北欧两项和高山滑雪影响小，对其余项目无影响（图 7-4）。

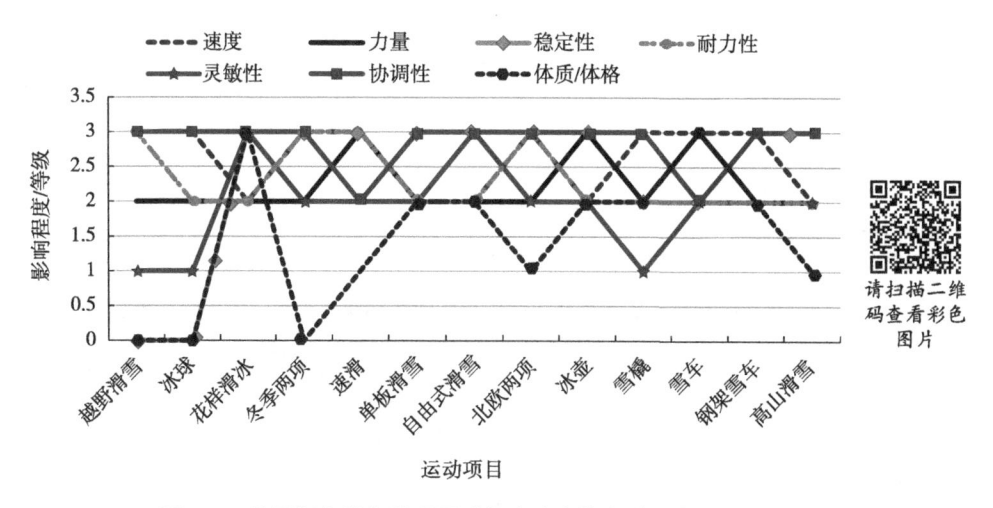

第七章 俄罗斯冬季项目体育后备人才培训体系与竞赛体系

图 7-4 俄罗斯各类冬季项目后备人才身体素质要素的重要性程度

注：资料来源于俄联邦各类冬季运动项目联邦培训标准（http://www.minsport.gov.ru）。

为使青少年体育后备人才达到并符合各阶段不同运动项目的身体素质培养与发展要求，俄罗斯制订出各项目不同阶段的教学—训练计划（见附件1），表7-14～表7-17为后备人才第2～5训练阶段身体素质的优先发展方向与训练重点。

表 7-14 俄罗斯各项目第 2 阶段身体素质的优先发展方向与训练重点

运动项目	速度	速度-力量	灵敏性	协调性	耐力性	强耐力	力量
花样滑冰	√	√	√	√			
北欧两项	√	√				√	√
雪橇	√	√					√
自由式滑雪	√	√	√	√	√		
冰壶	√	√	√	√			
高山滑雪	√	√	√	√	√	√	√
雪车	√	√					√
钢架雪车	√	√					√
速滑	√	√			√		
越野滑雪	√	√				√	√

— 081 —

续表

运动项目	速度	速度-力量	灵敏性	协调性	耐力性	强耐力	力量
冬季两项	√	√	√	√		√	√
单板滑雪	√	√	√	√	√	√	√
冰球	√	√	√	√			

表 7-15 俄罗斯各类冬季项目第 3 阶段身体素质的优先发展方向与训练重点

运动项目	速度	速度-力量	灵活性	协调性	耐力性	强耐力	力量
花样滑冰	√	√	√				
北欧两项	√	√			√		
雪橇	√	√					√
自由式滑雪	√	√	√	√			
冰壶	√	√					
高山滑雪	√	√		√		√	
雪车	√	√					√
钢架雪车	√	√					√
速滑	√	√			√		
越野滑雪	√	√			√	√	
冬季两项	√	√					
单板滑雪	√	√	√	√			√
冰球	√	√	√	√	√		√

表 7-16 俄罗斯各类冬季项目第 4 阶段身体素质的优先发展方向与训练重点

运动项目	速度	速度-力量	灵活性	协调性	耐力性	强耐力	力量
花样滑冰	√	√		√	√		√
北欧两项	√	√			√		
雪橇	√	√					√
自由式滑雪	√	√	√	√		√	√
冰壶	√	√	√	√	√		
高山滑雪	√	√	√	√	√	√	√

续表

运动项目	速度	速度-力量	灵活性	协调性	耐力性	强耐力	力量
雪车	√	√	√	√			√
钢架雪车	√	√	√	√			√
速滑	√	√			√		
越野滑雪	√	√			√	√	
冬季两项	√	√		√	√	√	√
单板滑雪	√	√	√	√	√		
冰球	√	√	√	√	√		√

表7-17 俄罗斯各类冬季项目第5阶段身体素质的优先发展方向与训练重点

运动项目	速度	速度-力量	灵活性	协调性	耐力性	强耐力	力量
花样滑冰	√	√		√			
北欧两项	√	√			√		
雪橇	√	√					√
自由式滑雪	√	√	√	√		√	√
冰壶	√	√	√	√	√		
高山滑雪	√	√		√		√	√
雪车	√	√	√	√			√
钢架雪车	√	√	√	√			√
速滑	√	√			√		
越野滑雪				√	√	√	
冬季两项	√	√		√	√	√	√
单板滑雪	√	√	√	√		√	√
冰球	√	√	√	√	√		√

在第2阶段，自由式滑雪、高山滑雪和单板滑雪项目将速度、速度-力量、灵活性、协调性、耐力性、强耐力和力量7个指标作为后备人才身体素质优先发展方向和重点训练内容，而雪车和钢架雪车除了耐力性和强耐力素质外，将其他5项素质列为培养内容。花样滑冰、北欧两项、雪橇、冰壶、速滑、越野

滑雪、冬季两项和冰球项目均对速度和速度-力量素质有培养要求，其中，花样滑冰对灵活性和协调性，北欧两项对强耐力和力量，雪橇对力量，冰壶对灵活性和耐力性，速滑对耐力性，冬季两项对除耐力性外的灵活性、协调性、强耐力性和力量，冰球对灵活性和协调性素质培养有要求。

在第 3 阶段，自由式滑雪、高山滑雪和单板滑雪将上述 7 个指标均作为后备人才身体素质培养重点。除耐力性和强耐力素质外，雪车和钢架雪车对其余 5 项素质均列入重点训练内容。花样滑冰、北欧两项、雪橇、冰壶、速滑、越野滑雪、冬季两项和冰球项目均有速度和速度-力量素质培养要求，其中，花样滑冰要求灵活性和协调性，北欧两项要求耐力性，雪橇要求力量，冰壶要求灵活性和耐力性，速滑要求耐力性，越野滑雪要求耐力性和强耐力，冬季两项要求力量、耐力和强耐力，冰球要求灵活性、协调性、耐力性和力量素质培养。

在第 4 阶段，高山滑雪和单板滑雪将速度、速度-力量、灵活性、协调性、耐力性、强耐力和力量 7 个指标列入重点训练内容。除耐力性素质外，自由式滑雪将其他 6 项指标列为后备人才身体素质优先发展方向。雪车和钢架雪车除耐力性和强耐力素质外要求对其他 5 项素质进行重点培养。花样滑冰、北欧两项、雪橇、冰壶、速滑、越野滑雪、冬季两项和冰球对速度和速度-力量素质均有培养要求，其中花样滑冰对协调性、耐力性和力量，北欧两项对耐力性，雪橇对力量，冰壶对灵活性和耐力性，速滑对耐力性，越野滑雪对耐力性和强耐力，冬季两项对协调性、耐力性、强耐力和力量，冰球对灵活性、协调性、耐力性和力量素质培养也有要求。

在第 5 阶段，仅有高山滑雪将上述 7 个指标均列入重要培养内容，自由式滑雪和单板滑雪除耐力性素质外，对其他 6 个指标均有要求。雪车和钢架雪车对耐力性和强耐力素质没有要求，但将其他 5 项素质列入后备人才身体素质优先发展方向。花样滑冰、北欧两项、雪橇、冰壶、速滑、越野滑雪、冬季两项和冰球均将速度和速度-力量列入重点培养内容，其中，花样滑冰将协调性，北欧两项将耐力性，雪橇将力量，冰壶将灵活性和耐力性，速滑将耐力性，越野滑雪将耐力性和强耐力，冬季两项将协调性、耐力性、强耐力和力量，冰球将灵活性、协调性、耐力性和力量素质作为重点培训内容。

七、集中训练计划

为了使参培人员的身体、技战术和心理素质以及综合教育水平在实践训练过程中得到全面提升，达到并取得高水平运动成绩前的综合素质与能力要求，俄罗斯制订出各项目不同阶段集训类型与集训持续时间计划（表7-18）。集训主要分为两类，一类是为了备战国内外体育赛事进行的集中训练。国外体育赛事主要包括奥运会、世锦赛、青年奥运会、世界冠军赛、世界杯、世界杯阶段赛、欧锦赛、欧洲杯赛、其他国际官方赛事；全俄体育赛事包括俄罗斯锦标赛、俄罗斯青年冠军赛、俄罗斯青少年冠军赛、俄罗斯杯赛、其他俄罗斯官方正式比赛。另一类是专项集训，主要包括一般体能训练或专项体能训练、恢复训练、综合检测训练、假期训练及审查训练。此外，为了确保选拔质量和体现选拔的公平与公正性，俄罗斯依据各类冬季项目特点，建立科学的赛事积分制度，核算所有后备人才参赛运动成绩，从中选拔出优秀后备人才进入国家运动队。

表7-18 俄罗斯各类冬季运动项目不同阶段集训类型与集训持续时间计划

序号	集训类型	第1阶段	第2阶段	第3阶段	第4阶段	第5阶段
\multicolumn{7}{c}{1. 集训}						
1.1	备战国际体育赛事	—	—	18	21	21
1.2	备战俄罗斯锦标赛、杯赛和冠军赛	—	—	14	18	21
1.3	备战其他全俄体育赛事	—	—	14	18	18
1.4	备战俄联邦官方体育赛事	—	—	14	14	14
\multicolumn{7}{c}{2. 专项集训}						
2.1	一般体能训练/专项体能训练	—	—	14	18	18
2.2	恢复训练	\multicolumn{5}{c}{不少于14天}
2.3	综合医疗检测	—	—	\multicolumn{3}{c}{每年不超过2次，每次不少于5天}
2.4	假期训练	—	每年不超过2次，每次不少于21天	—	—	—

续表

序号	集训类型	各阶段集训持续时间/天数					
		第1阶段	第2阶段	第3阶段	第4阶段	第5阶段
2.5	审查训练	—	—	不少于60天		—

注：资料来源于俄罗斯各类冬季运动项目联邦培训标准（http://www.minsport.gov.ru）。

从表7-18可以看出，第1和2阶段仅有专项集训中的假期训练在第2阶段有安排，其余项目没有要求。从备战体育赛事集训来看，在第3阶段除了备战国际体育赛事需要18天的集训外，备战其他官方赛事只需要14天。第4阶段备战国际体育赛事需要21天，备战俄罗斯官方体育赛事14天，其他赛事18天集训。第5阶段备战国际体育赛事和俄罗斯锦标赛、杯赛和冠军赛需要21天集训，备战其他全俄体育赛事18天，备战俄联邦官方体育赛事14天。在专项集训中，一般体能训练或专项体能训练在第3阶段需要持续14天，第4和5阶段分别需要18天；第3~5阶段恢复训练的集训时间不少于14天，综合医疗检测每年不超过2次，每次不少于5天；第2~3阶段的假期训练，要求每年不超过2次，每次集训时间不少于21天；第3~4阶段的审查训练持续时间不少于60天。

第二节 俄罗斯冬季项目体育后备人才培养竞赛体系

一、竞赛体系的架构

俄罗斯体育后备人才培养的竞赛体系主要由国际、全俄、区域和地方体育赛事构成，并成为后备人才选拔的主要媒介平台，即是指后备人才通过地方与区域体育竞赛选拔，再经过区域间和全俄官方体育赛事选拔，最终进入到国家运动队[1]（图7-5）。国际官方体育赛事包括奥运会、世锦赛、青年奥运会、

---

[1] Федеральный центр подготовки спортивного резерва. Концепция подготовки спортивного резерва в российской федерации до 2025 года [J]. Вестник спортивного резерва，2017（1）：4-29.
联邦体育后备人才培训中心．俄罗斯联邦2025年前体育后备人才培养的构想［J］．体育后备人才通报，2017（1）：4-29.

第七章　俄罗斯冬季项目体育后备人才培训体系与竞赛体系

世界冠军赛、世界杯、世界杯阶段赛、欧锦赛、欧洲杯赛等其他国际官方赛事。全俄体育赛事有俄罗斯锦标赛、青年冠军赛、青少年冠军赛、杯赛及其他俄罗斯官方正式比赛。区域间体育赛事是由两个或多个俄联邦成员主体运动队或俱乐部参加的联邦区域锦标赛或冠军赛资格选拔赛；区域体育比赛是指俄联邦成员主体锦标赛、杯赛、冠军赛及其他联邦成员主体体育比赛。地方体育比赛也称为市政级体育比赛，包括市级锦标赛、冠军赛及其他市级体育比赛。官方体育赛事是指区域间、全俄和国际体育赛事，被统一列入俄联邦体育部、联邦各成员主体、地方政府赛事日程计划中的比赛。根据《俄罗斯联邦体育法》规定[1]，建立体育竞赛体系是为俄罗斯国家运动队选拔运动人才，确保其进行科学化、有针对性的培训，参加国际体育赛事，并取得高水平比赛成绩。同时，俄罗斯政府规定，在举办各类大型体育赛事前，都要进行儿童项目比赛，以促进运动项目的普及与推广。可见，俄罗斯体育竞赛体系为体育后备人才培养指明了发展的方向与目标。

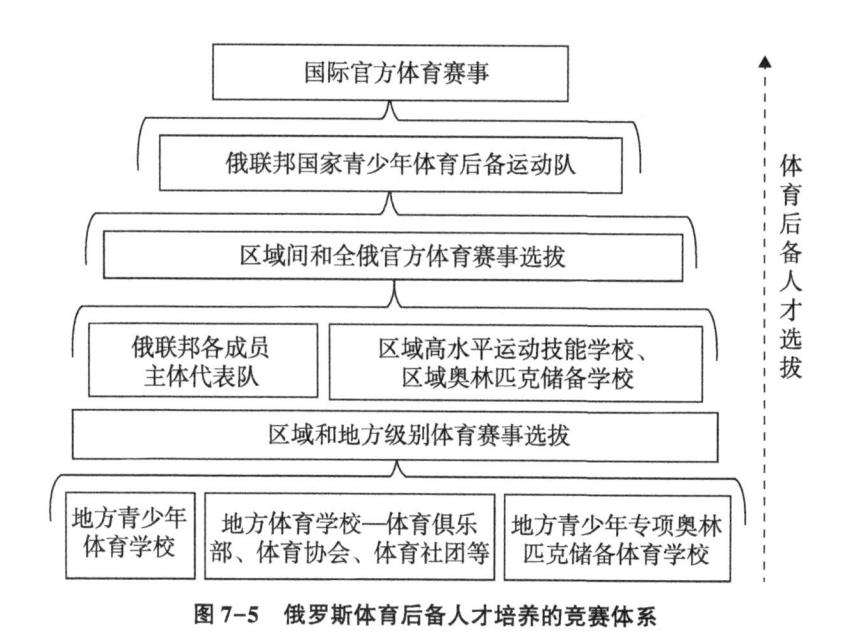

图 7-5　俄罗斯体育后备人才培养的竞赛体系

---

[1] Правительство Российской Федерации. Федеральный закон " О физической культуре и спорте в Российской Федерации" от 4 декабря 2007 г. N 329-Ф3. http://base.garant.ru/12157560/.
俄罗斯联邦政府. 俄罗斯联邦体育法［EB/OL］.［2007-12-4］N329-F3. http://base.garant.ru/12157560/.

二、全俄竞赛项目结构与布局

全俄竞赛项目结构与布局较为合理。竞赛项目设置保持着较强的连续性、稳定性、多样性和发展性特点。数据显示，2021年全俄体育赛事设有竞赛类项目173个[1]，相较2015年[2]，增幅13.1%；竞赛项目参培总人数326万人[3]，获得体育赛事等级与称号人数111万人[4]，占比34%，这表明具有竞技性和多样化特点的竞赛项目，为后备人才选拔与定向和运动兴趣培养发挥了积极的推动作用。俄罗斯全俄奥运项目设置始终与国家体育发展战略保持一致，并紧跟国际奥运发展动态，适时调整并完善项目设置种类。据统计，2021年设有56个奥运比赛项目[5]，较2011年增加了5项，其中夏奥项目从2011年36个[6]增至2021年41个[7]，分别增加了赛艇、划船、沙滩排球、冲浪和滑板

---

[1] Министерство спорта Российской Федерации. Статистические наблюдения за подготовкой спортивного резерва（по состоянию на 31. 12. 2021 г.）. http://www. minsport. gov. ru.
俄罗斯联邦体育部. 体育后备人才培养统计观察［EB/OL］.［2021-12-31］. http://www. minsport. gov. ru.

[2] Министерство спорта, туризма и молодежной политики Российской Федерации. Статистические наблюдения（по состоянию на 31. 12. 2015 г.）. http://www. minsport. gov. ru.
俄罗斯联邦体育部. 体育后备人才培养统计观察［EB/OL］.［2015-12-31］. http://www. minsport. gov. ru.

[3] Министерство спорта Российской Федерации. Статистические наблюдения за подготовкой спортивного резерва（по состоянию на 31. 12. 2021 г.）. http://www. minsport. gov. ru.
俄罗斯联邦体育部. 体育后备人才培养统计观察［EB/OL］.［2021-12-31］. http://www. minsport. gov. ru.

[4] Министерство спорта Российской Федерации. Статистические наблюдения за подготовкой спортивного резерва（по состоянию на 31. 12. 2021 г.）. http://www. minsport. gov. ru.
俄罗斯联邦体育部. 体育后备人才培养统计观察［EB/OL］.［2021-12-31］. http://www. minsport. gov. ru.

[5] Министерство спорта Российской Федерации. Статистические наблюдения за подготовкой спортивного резерва（по состоянию на 31. 12. 2021 г.）. http://www. minsport. gov. ru.
俄罗斯联邦体育部. 体育后备人才培养统计观察［EB/OL］.［2021-12-31］. http://www. minsport. gov. ru.

[6] Министерство спорта, туризма и молодежной политики Российской Федерации. Статистические наблюдения（по состоянию на 31. 12. 2011 г.）. http://www. minsport. gov. ru.
俄罗斯联邦体育部. 体育后备人才培养统计观察［EB/OL］.［2011-12-31］. http://www. minsport. gov. ru.

[7] Министерство спорта Российской Федерации. Статистические наблюдения за подготовкой спортивного резерва（по состоянию на 31. 12. 2021 г.）. http://www. minsport. gov. ru.
俄罗斯联邦体育部. 体育后备人才培养统计观察［EB/OL］.［2021-12-31］. http://www. minsport. gov. ru.

运动；冬奥项目15项[1]，比2014年[2]增加了1项钢架雪车。此外，俄罗斯广泛开展社会大众喜爱的、影响面广的各类竞赛项目，如迷你足球、徒步、赛跑等，尤为加强奥运项目的社会化普及度，将部分竞赛项目年龄组降至3岁，从小孩抓起，实施幼小体育工程，极大促进了奥运项目的普及与推广。

到2025年俄联邦青少年体育发展的一个重要方向是建立学生体育与体育联合会之间的合作机制，加强学生体育在体育后备人才培养中的作用，并通过全俄大学生冬季运动会提高学生在国际竞技舞台上的竞争力。据参加2013年至2021年世界大学生冬季运动会的分析结果显示，参赛人数不断增加，由2013年的170人增至2019年296人，且比赛成绩一直保持领先地位；获得金牌数占奖项总数的百分比逐届增加，从2013年30%增至2019年39.8%，其中获金牌数量从2013年15枚增至2021年41枚，奖牌总数由50枚升至88枚；2015年至2019年参赛的俄罗斯国家队由来自60所高等教育机构上升至90所；参赛运动员大部分拥有体育称号或体育等级，如在2019年参赛运动员中有1人获得荣誉运动健将称号，56人获得国际运动健将称号，117人为运动健将，107人为运动健将候选人，15人为体育等级一等及以下；拥有较多国际级运动健将称号的参赛运动项目有单板滑雪、花样滑冰，定向越野、单板滑雪、高山滑雪和冬季两项具备运动健将称号人数比例较大；在冰球和花样滑冰项目中具有运动健将候选人称号的人数最多[3]。

---

[1] Министерство спорта Российской Федерации. Статистические наблюдения за подготовкой спортивного резерва（по состоянию на 31. 12. 2021 г.）. http：//www. minsport. gov. ru.
俄罗斯联邦体育部. 体育后备人才培养统计观察［EB/OL］.［2021-12-31］. http：//www. minsport. gov. ru.

[2] Министерство спорта Российской Федерации. Статистические наблюдения за подготовкой спортивного резерва（по состоянию на 31. 12. 2014 г.）. http：//www. minsport. gov. ru.
俄罗斯联邦体育部. 体育后备人才培养统计观察［EB/OL］.［2014-12-31］. http：//www. minsport. gov. ru.

[3] Зайцева Александра Анатольевна, Филипьева Диана Дмитриевна, Жданович Дмитрий Олегович. Анализ участия студенческих сборных команд российской федерации на Всемирных летних и зимних студенческих играх в 2013—2021 годах［J］. Физическое воспитание и студенческий спорт, 2023, 2（1）：42-51.
扎伊采娃·亚历山德拉·阿纳托利耶夫娜，菲利皮耶娃·戴安娜·德米特里耶夫娜，日丹诺维奇·德米特里·奥列戈维奇. 2013—2021年世界夏季和冬季学生运动会俄罗斯联邦学生代表队参赛情况分析［J］. 体育教育和学生运动, 2023, 2（1）：42-51.

第八章　俄罗斯冬季项目体育后备人才培养体系的实施效果与经验总结

实施效果是一种回溯过去行为及其结果的事实性评价。通过定性与定量的分析，可以较为客观和准确地评估俄罗斯冬季项目体育后备人才培养体系的运行状况，发现其存在的问题、不足以及成功之处。经验总结是对后备人才培养体系的实施效果进行归纳、整理、分析和总结，揭示其本质和规律，了解其采取了哪些措施、手段与方法，是如何促进冬季项目高质量发展以及后备人才高质量培养的，以为我国冬季项目发展，提升后备人才培养质量提供参考、借鉴和使用。

第一节　俄罗斯冬季项目体育后备人才培养体系的实施效果

一、后备人才阶段性参加培训特点与培养效果

（一）阶段性参加培训特点

俄罗斯冬季项目各阶段体育后备人才参培呈现出全民化、高参与的发展特点。2021年参加冬季项目培训总人数31.9万人，进入五阶段培训人数为23.2万人，其中，5～17岁参培人数为22.1万人，占比为95.3%；女性参培人数为6.8万人，占比为29.3%；参培第1阶段总人数4.1万人，第2阶段10.4万人，

第八章 俄罗斯冬季项目体育后备人才培养体系的实施效果与经验总结

第 3 阶段 8.1 万人，第 4 阶段 4997 人，第 5 阶段 1541 人[1]。从整体发展情况来看，在第 1 至 5 阶段培训中，从 2011 至 2021 年俄罗斯冬季项目体育后备人才参加第 2 阶段培训人数波动较大，但明显高于其他阶段培训人数。参培第 3 和 1 阶段人数，在 2011 至 2017 年发展较为平稳，在 2018 年明显下降，之后缓慢上升。参培第 4 和 5 阶段人数快速上升，参培第 4 阶段培训人数在 2015 年达到最高[2]，在 2018 年最低[3]，之后快速提升；参培第 5 阶段培训人数，在 2015 年最高[4]，2013 年最低[5]，之后平稳发展（图 8-1）。

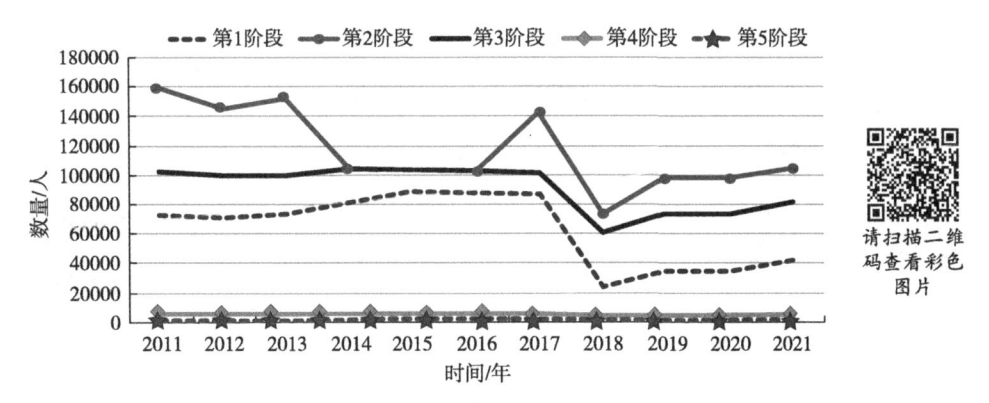

图 8-1　2011—2021 年俄罗斯各类冬季项目体育后备人才五阶段参培人数

注：数据来源于 2011-2021 年俄罗斯联邦体育部体育后备人才统计观察（http://www.minsport.gov.ru）。

---

[1] Министерство спорта Российской Федерации. Статистические наблюдения за подготовкой спортивного резерва（по состоянию на 31.12.2021 г.）. http://www.minsport.gov.ru.
俄罗斯联邦体育部. 体育后备人才培养统计观察［EB/OL］.［2021-12-31］. http://www.minsport.gov.ru.

[2] Министерство спорта Российской Федерации. Статистические наблюдения за подготовкой спортивного резерва（по состоянию на 31.12.2015 г.）. http://www.minsport.gov.ru.
俄罗斯联邦体育部. 体育后备人才培养统计观察［EB/OL］.［2015-12-31］. http://www.minsport.gov.ru.

[3] Министерство спорта Российской Федерации. Статистические наблюдения за подготовкой спортивного резерва（по состоянию на 31.12.2018 г.）. http://www.minsport.gov.ru.
俄罗斯联邦体育部. 体育后备人才培养统计观察［EB/OL］.［2018-12-31］. http://www.minsport.gov.ru.

[4] Министерство спорта Российской Федерации. Статистические наблюдения за подготовкой спортивного резерва（по состоянию на 31.12.2015 г.）. http://www.minsport.gov.ru.
俄罗斯联邦体育部. 体育后备人才培养统计观察［EB/OL］.［2015-12-31］. http://www.minsport.gov.ru.

[5] Министерство спорта Российской Федерации. Статистические наблюдения за подготовкой спортивного резерва（по состоянию на 31.12.2013 г.）. http://www.minsport.gov.ru.
俄罗斯联邦体育部. 体育后备人才培养统计观察［EB/OL］.［2013-12-31］. http://www.minsport.gov.ru.

在第 1 阶段培训中，2021 年俄罗斯各类冬季项目体育后备人才参培人数由高至低排序，排在前四位的分别是冰球 1.98 万人、越野滑雪 1 万人、花样滑冰 7209 人、高山滑雪 1430 人，之后的项目人数均少于 900 人（图 8-2）；从 2011 至 2021 年，参培人数增幅较大的项目是短道速滑和单板滑雪，增幅分别为 78.8% 和 18.5%，参培人数下降幅度较大的项目是越野滑雪和速滑，降幅分别为 72.5% 和 72.6%，产生这种情况的主要原因是运动兴趣偏好发生转移。

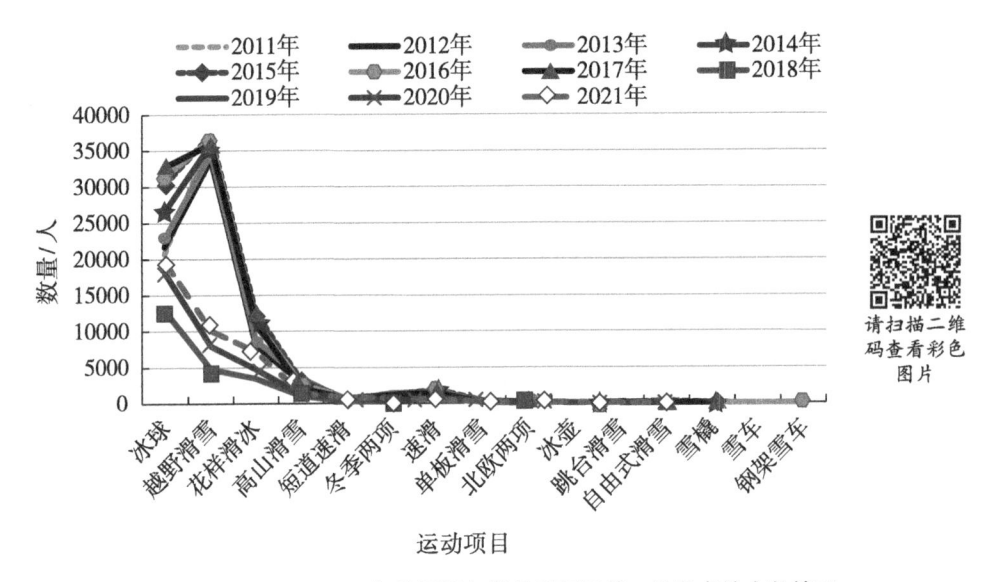

图 8-2 2011—2021 年俄罗斯各类冬季项目第 1 阶段参培人数情况

注：数据来源于 2011—2021 年俄罗斯联邦体育部体育后备人才统计观察（http://www.minsport.gov.ru）。

在第 2 阶段培训中，2021 年俄罗斯各类冬季项目体育后备人才参培人数从高至低排序，排在前四位的分别是越野滑雪 3.7 万人、冰球 2.8 万人、花样滑冰 1.1 万人，冬季两项 8328 人，其次是速滑和高山滑雪，参培人数均高于 5000 人，之后的项目人数均少于 3000 人（图 8-3）；从 2011 至 2021 年，参培人数增幅较大的项目是冰壶，增长超过 4 倍，其次是单板滑雪和自由式滑雪，增长幅度分别为 136% 和 103%；由于运动兴趣发生转移，致使越野滑雪和雪车下降幅度较大，降幅分别为 54.9% 和 63.1%。

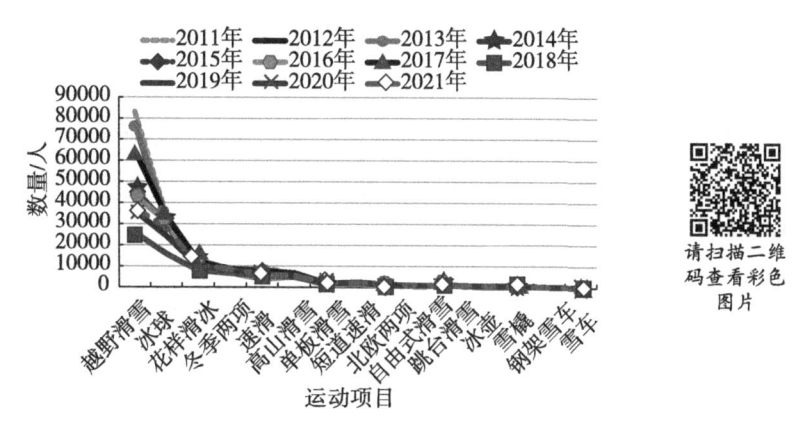

图 8-3　2011—2021 年俄罗斯各类冬季项目第 2 阶段参培人数情况

注：数据来源于 2011—2021 年俄罗斯联邦体育部体育后备人才统计观察（http://www.minsport.gov.ru）。

在第 3 阶段培训中，2021 年俄罗斯各类冬季项目体育后备人才参培人数从高至低排序，排在前四位的分别是冰球 2.94 万人、越野滑雪 2.5 万人、花样滑冰 7544 人，冬季两项 6387 人，之后项目参加培训人数均低于 5000 人（图 8-4）；从 2011 至 2021 年，参培人数增幅较大的项目首先是冰壶，增长超过 3.5 倍，其次单板滑雪 122%、自由式滑雪 66%、短道速滑 21.9%、花样滑冰 16.9%、冬季两项 14.98%、冰球 9.9% 和雪橇 6.1%，其余项目均有所下降，降幅较大的项目是雪车和越野滑雪，降幅分别为 51.4% 和 50.3%。

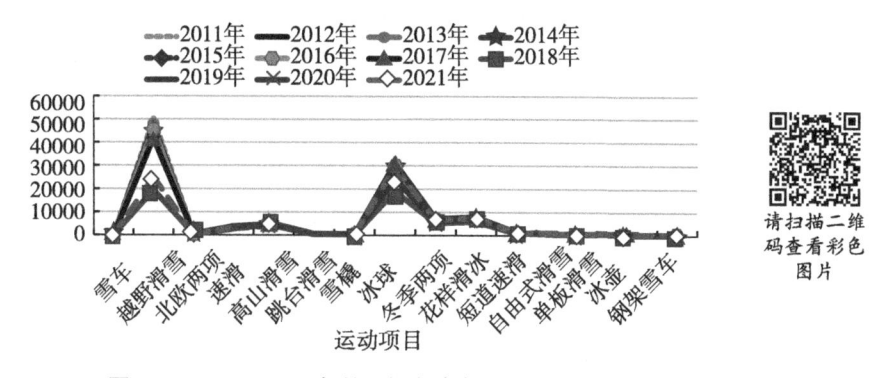

图 8-4　2011—2021 年俄罗斯各类冬季项目第 3 阶段参培人数情况

注：数据来源于 2011—2021 年俄罗斯联邦体育部体育后备人才统计观察（http://www.minsport.gov.ru）。

第4阶段培训中，2021年参培人数最多的项目是冰球1739人，其次是花样滑冰634人、越野滑雪593人、速滑581人、冬季两项426人，之后项目均小于300人（图8-5）。从2011至2021年增幅最快的项目是冰壶，增长4倍多，其次是雪车，增长2倍多，之后是短道速滑和自由式滑雪，增长近2倍；降幅较大的项目是跳台滑雪，降幅31%。

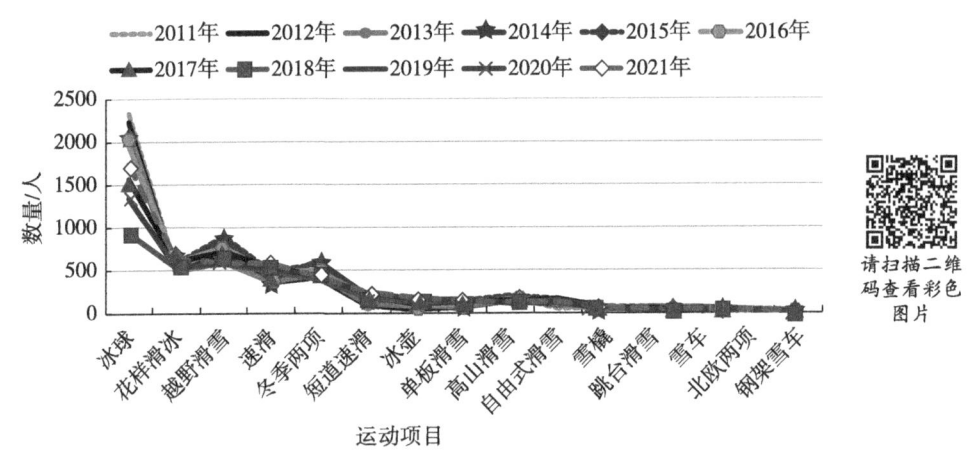

图8-5　2011—2021年俄罗斯各类冬季项目第4阶段参培人数情况

注：数据来源于2011—2021年俄罗斯联邦体育部体育后备人才统计观察（http://www.minsport.gov.ru）。

第5阶段培训中，2021年俄罗斯各类冬季项目体育后备人才参培人数最多的是越野滑雪311人，其次是冬季两项204人，之后的冰球、速滑和短道速滑均低于200人，其他项目少于100人（图8-6）；从2011至2021年，参培人数增幅较大的项目是雪车，增幅530%，其次是短道速滑326%、冰壶146%、自由式滑雪130%、跳台滑雪121%、北欧两项113%，单板滑雪73.3%、花样滑冰40.6%、越野滑雪37.6%、速滑36.2%、冬季两项19.3%，而高山滑雪、冰球和雪橇均呈下降趋势，降幅分别为31.5%、20.3%和5.7%。

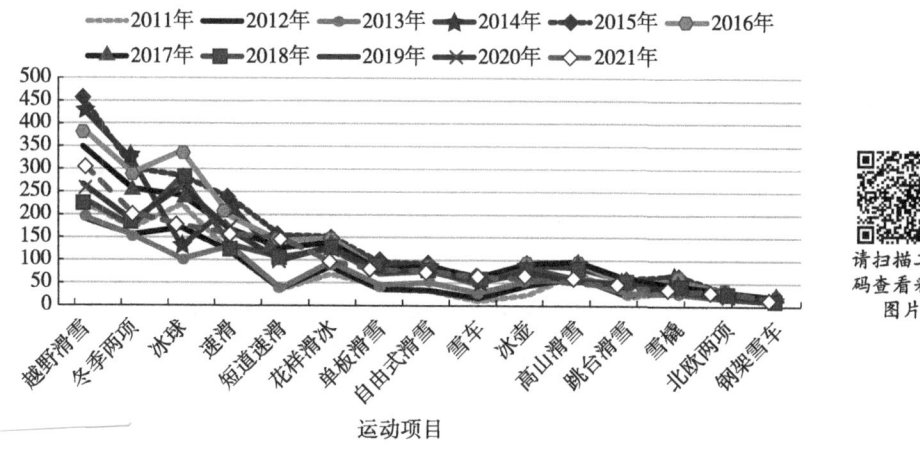

图 8-6　2011—2021 年俄罗斯各类冬季项目后备人才第 5 阶段参培人数情况

注：数据来源于 2011—2021 年俄罗斯联邦体育部体育后备人才统计观察（http://www.minsport.gov.ru）。

此外，2021 年，5～17 岁参培人数排在前五位的是冰球 7.7 万人、越野滑雪 7 万人、花样滑冰 2.5 万人、冬季两项 1.5 万人、高山滑雪 1.1 万人，之后项目均低于 1 万人[1]；从 2011—2020 年 6～15 岁参培人数增长幅度较快的项目是冰壶，增长 4 倍多，其次是单板滑雪，从 1375 人升至 2512 人，增幅 82.7%，之后是自由式滑雪由 948 人增至 1421 人，增幅 49.9%，短道速滑从 3373 人提至 3834 人，增幅 13.7%；越野滑雪和雪车下降幅度大，降幅分别为 60.2% 和 34.1%（图 8-7）。2021 年俄罗斯女性参培人数排在前两位的是越野滑雪 2.6 万人，花样滑冰 1.9 万人，其次是冬季两项 5590 人、速滑 4716 人和高山滑雪 4482 人，之后参培人数低于 2000 人（图 8-8）。从 2011 至 2021 年女性参培人数增长幅度较快的项目是冰壶，增长了近 4 倍，其次是单板滑雪 191%、跳台滑雪 101% 和自由式滑雪 100%；女性参培越野滑雪人数降幅较大，为 56.9%，其次是速滑 22.2%。通过俄罗斯冬季项目 5 阶段参培情况分析，可以发现，俄罗斯青少年冬季优势项目和潜优势项目社会化普及程度高，参加阶段性培训的后备人才培养数量多、质量高。

---

[1] Министерство спорта Российской Федерации. Статистические наблюдения за подготовкой спортивного резерва（по состоянию на 31. 12. 2021 г.）. http://www.minsport.gov.ru.
俄罗斯联邦体育部. 体育后备人才培养统计观察 [EB/OL]. [2021-12-31]. http://www.minsport.gov.ru.

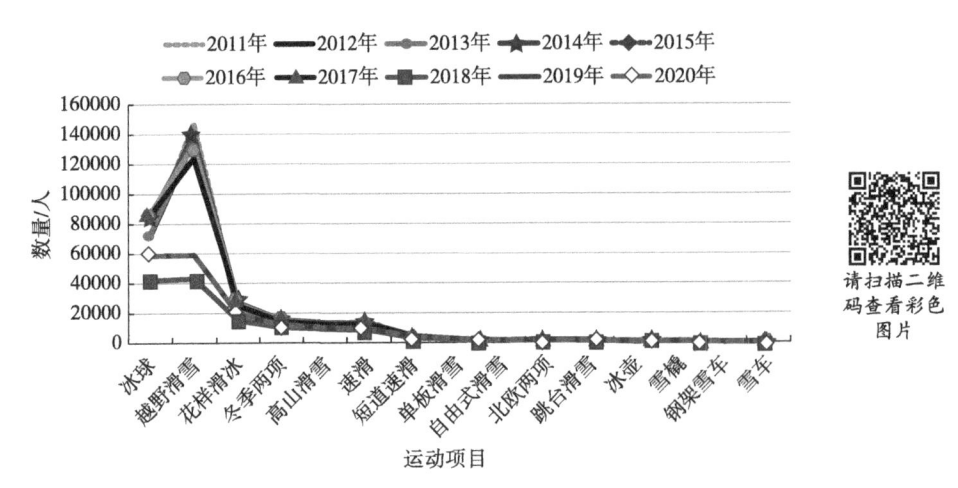

图 8-7 2011—2020 年俄罗斯各类冬季项目 6～15 岁后备人才参培人数情况

注：数据来源于 2011—2021 年俄罗斯联邦体育部体育后备人才统计观察（http://www.minsport.gov.ru）。

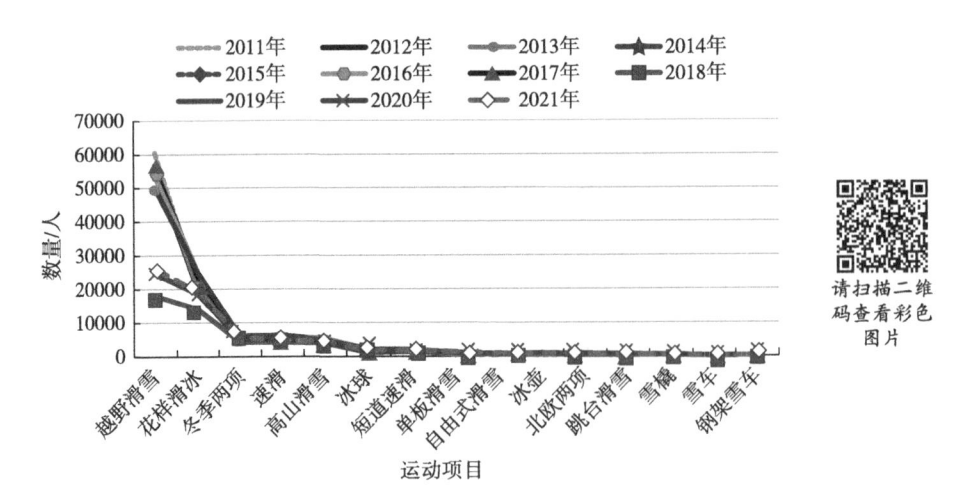

图 8-8 2011—2021 年俄罗斯各类冬季项目女性后备人才参培人数情况

注：数据来源于 2011—2021 年俄罗斯联邦体育部体育后备人才统计观察（http://www.minsport.gov.ru）。

(二) 阶段性培养效果

俄罗斯冬季项目体育后备人才培养效果主要是依据《俄罗斯联邦 2025 年前体育后备人才培训的构想》（以下简称《构想》）中提出的指标为衡量标准。

第八章 俄罗斯冬季项目体育后备人才培养体系的实施效果与经验总结

依照《构想》中提出的指标，预计实现下列两个主要目标。

一是 2020 年从初级培训（第 2 阶段）进入到专业培训阶段（第 3 阶段）人数比例 67%，2025 年为 100%，该项指标值越高，说明参与专业培训人数越多[1]。从 2011 至 2021 年俄罗斯冬季项目体育后备人才进入专业化培训的人数比例均高于 2020 年标准，特别是从 2014 至 2016 年已经提前实现 2025 年目标，达到 100%（图 8-9）。这表明俄罗斯通过将运动兴趣培养贯穿于整个后备人才培养过程中，吸引了各类群体积极参与体育运动，并促进了大量初培者进入专业化培训学习，说明了俄罗斯实施以兴趣培养和健康促进为理念的后备人才培养是富有成效的。

图 8-9 俄罗斯各类冬季项目后备人才进入专业化和高水平培训人数比例

注：数据来源于 2011—2021 年俄罗斯联邦体育部体育后备人才统计观察（http://www.minsport.gov.ru）。

二是 2020 年实现第 5 阶段参培人数占第 4 阶段参培人数比例 23.5%，2025 年达到 25%，该项指标值越高，表明进入高水平阶段参培的人数越多，反映出阶段性培养的连续性、系统性越好，培养效果越好[2]。进入高水平培训人数比

---

[1] Федеральный центр подготовки спортивного резерва. Концепция подготовки спортивного резерва в российской федерации до 2025 года［J］. Вестник спортивного резерва, 2017（1）：4-29.
联邦体育后备人才培训中心. 俄罗斯联邦 2025 年前体育后备人才培养的构想［J］. 体育后备人才通报, 2017（1）：4-29.

[2] Зайцева Александра Анатольевна, Филипьева Диана Дмитриевна, Жданович Дмитрий Олегович. Анализ участия студенческих сборных команд российской федерации на Всемирных летних и зимних студенческих играх в 2013-2021 годах［J］. Физическое воспитание и студенческий спорт, 2023, 2（1）：42-51.
扎伊采娃·亚历山德拉·阿纳托利耶夫娜，菲利皮耶娃·戴安娜·德米特里耶夫娜，日丹诺维奇·德米特里·奥列戈维奇. 2013—2021 年世界夏季和冬季学生运动会俄罗斯联邦学生代表队参赛情况分析［J］. 体育教育和学生运动, 2023, 2（1）：42-51.

例23.5%，仅在2011至2013年低于2020年指标，其他各年度均高于2020年指标标准，并实现了2025年指标25%，这说明俄罗斯后备人才培养质量较高，进入高水平阶段培训人数较多，已远超2020年预期目标，实现2025年计划指标。综上表明，俄罗斯冬季项目体育后备人才培养阶段性参培目标已超计划全部实现。可见，俄罗斯已形成了较为完善的体育后备人才培训体系，后备人才培养阶段和培养层次划分更加科学系统化，使后备人才梯队衔接性更为紧密、顺畅、合理，确保了后备人才运动技能水平不断提升和持续健康发展。

二、后备人才竞赛项目特点与竞赛体系实施效果

（一）后备人才参加竞赛项目特点

俄罗斯冬季项目体育后备人才参与竞赛项目表现出水平较高、种类全、获得体育等级与称号人数多、发展较稳定的特点。2021年俄罗斯冬季项目五阶段参培人数23.2万人，获得全俄和国际体育赛事等级与称号11.7万人，占比50.4%，获得体育等级11.5万人，体育称号1814人；获得体育等级与称号人数由高到低排序，排在首位的是越野滑雪，有5.3万人获得，其次是冰球2.5万人，之后是花样滑冰1.3万人，其余项目均低于8000人[1]，这反映出获得体育等级与称号人数较多的运动项目，其社会化普及程度较高、冬季项目后备人才储备较充足。从2011至2021年俄罗斯冬季项目体育后备人才获得体育等级与称号人数增幅最快的项目是冰壶，增长近三倍，其次是单板滑雪由766人升至1440人，增幅88%，之后是自由式滑雪从584人增至1019人，增幅75%，短道速滑由1360人提至2277人，增长幅度为67%；下降较大的是北欧两项从822人降至510人，降幅38%，越野滑雪由78768人降至52712人，降幅33%（图8-10）。总的来看，获得体育等级与称号人数多、增长幅度快的运动项目，其培养质量高，发展潜力大。

---

[1] Министерство спорта Российской Федерации. Статистические наблюдения за подготовкой спортивного резерва（по состоянию на 31.12.2021 г.）. http://www.minsport.gov.ru.
俄罗斯联邦体育部. 体育后备人才培养统计观察［EB/OL］.［2021-12-31］. http://www.minsport.gov.ru.

第八章 俄罗斯冬季项目体育后备人才培养体系的实施效果与经验总结

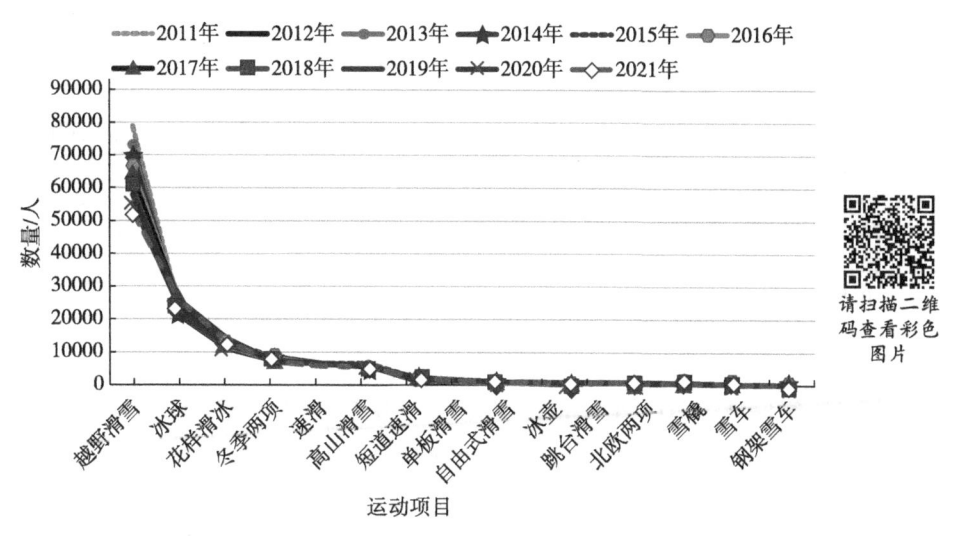

图 8-10 2011—2021 年俄罗斯冬季项目后备人才获得体育等级与称号人数

注：数据来源于 2011—2021 年俄罗斯联邦体育部体育后备人才统计观察（http://www.minsport.gov.ru）。

（二）后备人才竞赛体系实施效果

俄罗斯冬季项目后备人才竞赛体系的实施效果主要是依据《构想》中提出的指标为衡量标准。按照《构想》中提出的，2020 年计划实现获得国际和全俄体育赛事等级与称号人数占参培总人数（1 至 5 阶段培训人数之和）指标的 42%，2025 年达成 60%，这一指标值越高，表明获得体育赛事等级与称号的参培人员数量越多，反映出后备人才培养质量越高，竞赛体系的实施与运行效果越佳[1]。从 2011 至 2021 年俄罗斯青少年冬季项目体育后备人才获奖情况来看，除了 2011 年、2012 年、2013 年和 2017 年略低于 2020 年 42% 的指标，其他年度均高于计划指标，尤其是 2018 年已经超过 2025 年指标（图 8-11）。

---

[1] Правительство Российской Федерации. Концепция подготовки спортивного резерва в российской федерации до 2025 года（17.10.2018）N2245-P. http:// www.minsport.gov.ru.
俄罗斯联邦政府. 俄罗斯联邦 2025 年前体育后备人才培养的构想 [EB/OL]. [2018-10-17] N2245-P. http:// www.minsport.gov.ru.

图 8-11　2011—2021 年俄罗斯冬季项目体育后备人才培养质量

注：数据来源于 2011—2021 年俄罗斯联邦体育部体育后备人才统计观察（http://www.minsport.gov.ru）。

可见，俄罗斯青少年冬季项目体育后备人才培养目标已达成，这表明俄罗斯冬季项目后备人才培养质量较高，并已建立起与后备人才成长规律和运动项目发展规律相适应的分级、分层的体育竞赛体系，实现了运动人才选拔、后备运动员训练、运动技能水平提升、培养效果检验等多元化服务目标。

第二节　俄罗斯冬季项目体育后备人才培养体系研究的经验总结

一、俄罗斯政府先后出台了一系列体育政策法规，促进了冬季项目竞技体育、群众体育与青少年体育协调发展

研究表明，俄罗斯政府高度重视冬季项目竞技体育、群众体育与青少年体育的协调发展。借助备战历届冬奥会契机，政府全力打造冬季项目竞技体育群众基础，加强青少年体育的培育，不仅为竞技体育发展提供了坚实的保障，而且促进了竞技体育、群众体育与青少年体育协调发展，确保了其冬季项目持续高质量发展。通过完善体育运动相关立法、制定并出台持续的国家中长期体育发展战略规划，加大不同区域，特别是偏远农村地区的儿童、青少年、中老年等不同群体体育基础设施的新建、重建和扩建，为各类群体参加冬季运动项目

第八章　俄罗斯冬季项目体育后备人才培养体系的实施效果与经验总结

创建了一切有利的环境与条件；不断增加体育科技研发投入，普及与推广冬季项目科学运动知识与技能，大幅提高了社会大众对冬季运动项目的关注度与参与度；加大了体育社会指导人员、体育教练、体育裁判员等培训与投入数量，确保为各类群体提供更为优质的项目指导与服务；定期和不定期组织举办全俄、各区域、区域间丰富多彩的各类冬季项目体育赛事活动，快速提升了不同群体参与冬季项目的数量，扩充了后备人才选材途径，提高了科学选拔方法。

可见，从1994年至今，俄罗斯政府借助备战冬奥会契机，有目标、有计划、有步骤地促进了竞技体育与群众体育、青少年体育协调发展，使得俄罗斯冬季项目竞技实力始终能够保持在国际竞技舞台较高的水平。同时得益于其冬季项目雄厚的竞技体育群众基础，为竞技体育输送了大批的优秀运动后备人才，确保了青少年体育高质量发展。总之，俄罗斯政府通过完善体育政策法规，出台国家中长期体育发展战略规划，新建和改善步行距离内的适用于不同群体冬季项目体育基础设施，加大各类群体资金投入，举办丰富多彩的体育赛事活动，增加社会指导员、体育教练员、体育裁判员、体育教师数量等措施，极大地推动了冬季项目高质量发展。

二、俄罗斯拥有较为完善且成熟的冬季项目后备人才培养体系，确保了人才培训规模与质量

研究证明，俄罗斯已经构建起较为完善且成熟的冬季项目体育后备人才培养体系，该体系由体育政策法规、体育组织体系、财政经费、师资队伍、培训体系及竞赛体系6个部分构成，是以"体社结合""体教融合"为主要培养形式，建立起少体校、俱乐部、协会等社会多元化协同体育后备人才培养模式，并形成了从运动健康阶段到初级培训阶段，再到专业培训阶段、运动技巧完善阶段、高水平运动技巧提升的垂直一体化的后备人才培训体系；制定并出台了全面和连续的青少年培养政策内容，为后备人才培养体系运行提供了重要保障；不断修订和完善《越野滑雪》《冰球》《冬季两项》《北欧两项》和2018年的《速滑》《花样滑冰》《单板滑雪》《高山滑雪》《雪车》《钢架雪车》《雪橇》《自由式滑雪》和《冰壶》等冬季项目联邦培训标准，为实现体育后备人才科学系统化培养奠定了基础；充足的财政支持，确保了后备人才在训练、比赛等

方面对体育场地场馆、设施、技术、人员等需求；拥有高素质和综合实践指导能力强的师资队伍，为后备人才培养提供了科学系统的训练与指导；以运动兴趣培养和运动促进健康为理念，构建出五阶段阶梯式后备人才培训体系，保证了后备人才不间断、有序地从一个阶段进入到另一个阶段的培训学习，确保了后备人才运动技能水平不断提升、运动生涯的健康持续发展；遵循科学训练标准，结合运动项目特点，创立了与人才成长规律相符合的分级、分层体育竞赛体系，实现了后备运动员选拔、科学训练、运动技能水平提升、培养效果检验等多元化体育服务目标。

三、俄罗斯冬季项目后备人才数量充足，发展质量较高，培养效果显著

研究证实，借助完善且成熟的冬季项目后备人才培养体系，为俄罗斯培养出数量充足且高质量的后备人才。通过以2018年俄罗斯政府出台的《俄罗斯联邦2025年前体育后备人才培养构想》中提出的3个重要指标为衡量标准，对后备人才培养情况进行分析发现，各目标现已全部达成。第一，从2011至2021年俄罗斯冬季项目体育后备人才进入专业化培训的人数比例均高于2020年标准67%，而从2014至2016年已经提前实现2025年指标100%。第二，进入高水平培训人数比例仅在2011至2013年低于2020年指标23.5%，其他各年度均高于2020年计划指标，并实现了2025年指标25%。第三，除了2011、2012、2013年和2017年俄罗斯冬季项目体育后备人才获奖指标略低于2020年42%的指标，其他各年度均高于计划指标，特别是2018年已超过2025年指标60%。通过上述分析表明，俄罗斯冬季项目后备人才培养体系是较为科学、完善且成熟的，其后备人才培养是富有成效的。

第九章　俄罗斯冬季项目体育后备人才培养体系对我国的启示

实践分析表明，俄罗斯通过协调竞技体育、群众体育与青少年体育发展，构建科学且完善的冬季项目体育后备人才培养体系，确保了俄罗斯冬季项目高质量发展，后备人才数量充足、培养质量较高。借鉴俄罗斯成功经验与做法，规避其存在的不足与问题，结合我国实际情况，提出促进我国冬季项目高质量发展和后备人才高质量培养的整体思路与对策，提升后备人才培养规模、质量与效益，以加快我国冰雪体育强国建设。

第一节　我国冬季项目高质量发展的思路与对策

一、明确我国冬季项目高质量发展战略目标与重点

从我国冬季项目整体发展情况来看，冬季项目与夏季项目发展[1]、各区域冬季项目发展[2]、各类冬季项目发展、冰上项目与雪上项目发展[3]、冬季项目竞技体育与冬季项目大众体育发展等均处于不均衡态势。在北京2022冬奥会上，中国代表团进入世界前三，取得历史性好成绩，但我们还需要清醒地认识到，距离实现体育强国目标还有一定的差距。从冬季项目后备人才梯队建设来

---

[1] 王蓓,谢慧松.2022年北京冬奥会背景下我国冬季奥运项目发展研究[J].体育文化导刊,2019,9(9):26-30,37.
[2] 杨国庆,王凯,叶强,等.北京冬奥会背景下我国冰雪运动推广与发展研究进展——基于2008-2017年的文献分析[J].北京体育大学学报,2017,40(12):95-100.
[3] 徐刚.北京冬奥会竞赛工作的时代使命与规划要旨[J].首都体育学院学报,2019,31(1):17-21.

看，目前我国仅传统优势项目短道速滑队已经形成了老中青梯队建设，而自由式滑雪"U"形场地技巧则以年轻运动员为主，优秀运动员年龄偏大，速度滑冰、钢架雪车、跳台滑雪等冬季项目体育后备人才严重不足，成绩已很难再突破[1]。结合我国冬季项目综合发展情况，将我国冬季项目高质量发展战略目标确定为，应以提升冬季项目竞技实力，实现冰雪体育强国战略目标，推动体育强国建设为目标指引，而战略重点应是以冬季项目体育后备人才培养为核心，促进竞技体育、大众体育与青少年体育协同共生发展，确保冬季项目后备人才的规模与质量，推动我国冬季项目高质量发展。

二、以国家为主导，协同社会多元主体共同推动我国冬季项目发展

为了推动我国冬季项目高质量发展，要充分调动社会力量，构建以国家为主导，协同社会多元主体共同促进冬季项目高质量发展，制订更加全面、科学和高效的冬季项目发展模式，扩大冬季项目发展规模，提高质量与效益，缓解国家人力、物力、技术及资金等难题，并通过创建多元化合作关系，共促冬季项目发展的新思路与新方法。这就需要从国家战略顶层出发，整合各类项目资源，科学布局冬季项目整体发展格局，制订并落实冬季项目中长期发展战略规划，出台冬季重点项目发展计划，提升冬季项目社会化普及度，确保冬季项目高质量和均衡发展。通过深入贯彻和落实国家体育总局颁布的"带动3亿人参与冰雪运动"实施纲要（2018-2022年），推进我国竞技体育与大众体育协同发展。在国家与社会各相关主体合作过程中，要充分了解和把握社会多元主体利益诉求，协调各利益主体之间内部关系，探寻新的合作模式，推动我国冬季项目高质量和协调发展。对于社会需求较大的项目，应大力吸引社会多元主体积极参与项目的投入、建设、人才培养、举办赛事等，国家给予其一定的资金和政策支持，确保其长期投入与持续运行，实现后备人才从数量到质量的过度与发展。对于社会需求较小的项目，我国政府应全力打造并加大项目"试点"培

---

[1]李荣，陈亮. 冬奥会单人项目运动员参赛制胜特征及对2020年北京冬奥会的参赛启示[J]. 体育科学，2020，40（4）：15-27.

育与扶持力度，加强基础设施建设，开展各类特色活动，扩大项目普及度与社会影响力，吸引更多的人参与进来，培养和储备后备人才。

三、加强我国冬季项目体育基础设施建设

冬季项目基础设施建设是推动我国冬季项目高质量发展的重要保障。冬季项目基础设施建设本身就是一项耗资巨大的工程项目，而其后期的维护与运行费用也很高。我国北方气候条件较南方具有一定的地理优势条件，但由于全球气候变暖，造成冰期、雪期缩短，降雪量减少，只能依靠人工造雪，导致举办赛事成本加大，场地数量减少，大众参与冬季项目运动成本增加，致使参与冬季项目运动的人数减少，这在一定程度上影响冬季项目的发展。我国南方地区冬季项目基础设施建设投入、运行成本以及后期维护成本等均远高于北方，造成南方冬季项目发展明显滞后于北方。我国应加大冬季项目基础设施建设，并实施"冬奥会融资计划"，满足不同群体开展冬季运动项目对基础设施的多样化需求。我国应打造出一批集训练、营养、医疗、康复、科研等为一体的国家级训练基地，确保为冬季重点项目后备人才培养提供数量充足、国际化和高标准的训练基地，满足其训练和比赛需求。我国应充分利用现有冬季项目基础设施，对其进行全面或部分改造与完善，提升其专业化、智能化以及多元化功能水平，使其达到国际级训练基地标准与水平，缓解新建或重建训练基地的资金压力，解决冬季重点项目国家队和后备队培训基地不足问题。

为了缓解国家资金集中划拨难题，满足不同群众对冬季项目基础设施的需求，我国应将冬季项目基础设施建设工作落实到国家中长期发展战略规划中，并详细制订出建设项目具体实施的时间进度安排、资金需求量及预期完成目标等，确保项目按质按量如期完成。此外，我国应将冬季重点项目发展计划有针对性地落实到国家大中小学教育体系中来，加大学校冬季项目基础设施建设的资金投入力度，并通过阶段性资金划拨来扶持其后期的维护与运行费用，满足学生群体参与冬季运动项目的场地基础设施需求。对于社会化程度强的冬季运动项目，我国应大力吸纳社会多元主体资金，共同参与冬季项目基础设施建设，而对于新兴和社会化程度弱的冬季项目，应充分发挥举国体制优势，加大基础设施建设，扩大项目群众基础，推动我国冬季项目高质量发展。

四、加大我国冬季项目体育教练员战略化和系统化管理

冬季项目教练员执教能力与管理水平，在很大程度上决定了运动员培训质量、比赛成绩高低，对冬季项目高质量发展发挥着重要的作用。为了确保并持续提升教练员能力与水平，需要对其采取战略化和系统化管理。我国需要综合分析国内各类冬季项目教练员整体供给与需求、素质与能力等情况，进一步明晰并科学制订出不同级别教练员的工作职责与任职资格要求，确保教练员的能力与水平高于或与任职岗位职责相匹配，并时刻关注国外冬季项目教练员市场供给情况，战略性地引入国外著名或优秀冬季项目教练员以促进国内教练员能力与水平提高。我国应完善教练员专业教育培训与再培训计划，定期开展培训活动，使其及时了解并掌握冬季项目最新理论和最新实战方法，不断提升其执教能力与水平，并促其职业生涯可持续发展。为了保证培训质量与效果，我国应加强并完善教练员培训师资库管理体系，有针对性地提高其培训资质与水平要求，并建立师资遴选的动态化审核、监控与评估机制。我国应充分利用国内外资源优势，探索多样化教练员培训模式，定期开设不同周期、类型和规模的教练员培训班、研讨会等，定制化培训目标、课程与内容，加强教练员最新理论与实践技能培训与学习，提高教练员执教能力与管理水平。为了确保培训市场的高效运转，我国应出台纲领性政策和指导性文件，完善教练员培训体系，规范培训资质标准与要求，并建立完善的监督与管理机制[1]。同时，我国应建立并实施动态的教练员绩效管理体系，注重其过程与结果的综合考核，完善薪酬待遇与能力、比赛成绩相结合的保障计划，促其培养出更多优秀的运动员。

五、科学制订我国冬季重点项目资格赛选取标准与运动员参赛资格选拔方案

挖掘有潜力运动员参赛是推动我国冬季项目高质量发展的一项重要且关键的工作。目前我国冬季重点项目参赛运动员选拔方案制订不够完善，缺少科学

---

[1]吴阳，王德新，彭国强．美国体育教练员培养体系及其对我国的启示［J］．沈阳体育学院学报，2016，35（5）：93-98．

和专门针对运动员参赛计划，尚未建立起一体化竞赛积分制度，不利于科学选拔有潜力和综合实力最强的运动员参赛。因此，我国需要科学并详细地制订出冬季重点项目参赛运动员资格选拔原则、程序与方法，要充分体现出其科学性、公平性和公开性原则，确保为运动员创造一个公平竞争的平台，选拔出有潜力、实力与状态最佳的运动员参赛，为国家队提供更多高质量人才；需要制订出冬季重点项目资格赛选取标准与方法，要充分考虑到资格赛选取的科学性与代表性，确保不同级别赛事评价标准的公平性，并明确参赛运动员资格选拔竞赛积分计算方法与标准，体现出积分计算系统性，确保竞赛积分计算方法科学性与公平性；为了体现出运动员选拔的公开性和透明性原则，我国应全程监控并动态评估参赛运动员资格的选拔过程，并对外公示；应积极申办和举办知名度高、影响力大的大型体育赛事以及组织开展国内外各类高水平体育赛事，为运动员搭建更多的展示其实力与水平的机会与平台，并借此挖掘出更多有潜力和优秀运动员；同时，应不断完善运动员选拔制度、激励、绩效与保障体系，确保其职业生涯的可持续发展。

六、加强我国冬季项目体育科技研发与投入力度

体育科技是推动我国冬季项目高质量发展的重要支撑，是推动我国冬季项目竞技实力的主动力，应加大体育科技与冬季项目竞技体育、青少年体育的结合力度，增强体育科技的创新、转化与应用能力，提高比赛成绩，促进我国冬季项目高质量水平发展。目前我国短道速滑、花样滑冰、自由式空中技巧、单板滑雪、越野滑雪、冬季两项等冬季项目基础研究实力较为薄弱、系统性不强、创新能力低、体育科技研发人才短缺等问题凸显[1]。

第一，我国应加强国内外体育界、医学界、科技界等之间的合作，创建多学科交融的专项复合型体育科研项目团队，跟踪冬季项目后备运动队训练，为其提供科学化和精细化训练方案，提高比赛成绩；第二，利用大数据，对有望获得奖牌的冬季重点项目后备运动员，从训练、营养、康复到日常活动等方面，跟踪其动态数据变化，为其提供个性化训练方案，提高比赛成绩，而针对冬季

---

[1]赵晶，闫育东.中国举办冬奥会的愿景研究[J].北京体育大学学报，2018，41（12）：13-18.

重点项目后备运动员，我国应建立个性化训练数据库，长期跟踪其训练与研究，为其提供科学训练计划，确保其比赛成绩持续提高。第三，我国应加大资金投入，开展针对冬季项目后备人才培养的生物医学系统性研究，由于后备人才过早地进行大容量、高强度和高频率训练，容易导致其生理功能发生不可逆转的破坏，甚至造成其职业生涯过早结束，而借助生物医学系统支持，对后备人才培养的早期阶段进行科学训练跟踪指导，能够保障其训练安全，维护其身体和心理健康，提高比赛成绩。第四，我国应加强并完善大众体质健康监测系统的建设，扩大体质监测群体与区域覆盖面，并鼓励社会多元主体开发并创新各类冬季项目产品与服务，增加并丰富大众参与冬季运动项目的体验感和功能效果，提高冬季项目参与度和社会化普及度，促进我国冬季项目高质量发展。

七、加强我国反兴奋剂治理体系和治理能力现代化水平

反兴奋剂治理体系与治理能力的现代化水平是推动我国冬季项目高质量发展的重要保障。近些年，世界范围内及我国反兴奋剂事件呈逐渐增长的态势。国家体育总局相继出台并印发了《反兴奋剂工作发展规划（2018-2020）》（2019年）、《国家体育总局"反兴奋剂工程"建设方案》（2020年）等政策文件，这在一定程度上切实维护了运动员身心健康，保护"纯净"体育精神。

为了避免反兴奋剂事件的发生，第一，我国需要进一步加强针对我国冬季项目教练员、运动员、相关专家以及后备人才等反兴奋剂教育与培训工作，并强化对各级反兴奋剂治理体系评估督导工作，完善并提升我国反兴奋剂治理体系和治理能力的现代化水平，从源头上彻底消除违反兴奋剂规定的行为。第二，应重点加强冬奥优势项目国家后备运动队，如短道速滑、花样滑冰、跳台滑雪等反兴奋剂教育与培训工作，提高其对反兴奋剂规定与要求的认知与掌握。同时，加强对世界范围内违反兴奋剂典型案例的深入研讨与座谈，使其了解并认识到违规者将要承担的严重惩治后果。第三，还应高度重视和研究2021版《世界反兴奋剂条例》处罚制度的修订要点，进行深入解读，并制定出科学合理的应对方案[1]，确保相关人员对其深入了解和掌握。为了保护运动员权利，世界

---

[1]丁雨.2021版《世界反兴奋剂条例》处罚制度的解释及应对［J］.成都体育学院学报，2020，46（4）：36-41.

反兴奋剂机构于2019年11月出台了《运动员反兴奋剂权利法案》，这一法案出台为反兴奋剂中运动员的权利保障起到了重要作用，我国需要对该法案进行深入研究，帮助运动员理解与掌握，并通过专项"立法"强化运动员反兴奋剂权利保障[1]，对有诉求和需要帮助的运动员提供法律援助计划支持。第四，我国应加强并塑造体育运动文化，树立"爱国""荣辱""拼搏""纯净"等精神理念，唤起教练员、运动员及相关人员的职业精神和社会责任感，抵制违反兴奋剂规定行为。

八、加强我国冬季重点项目体育情报信息研判

体育情报信息工作是助推项目发展的重要因素，全面、及时、准确的情报信息对于训练水平的提升、掌握先进的训练方法、训练理念、优异成绩的取得发挥着重要作用。冬季项目高质量发展需要体育情报信息的全面、及时和精准支持。世界各国都高度重视针对冬奥重点项目主要竞争对手以及冬奥项目比赛规则变化开展的信息收集与研判工作。因参赛国对冬奥重点项目比赛规则变化研判不清晰、对冬奥重点项目主要竞争对手情报信息掌握不准确，导致其与金牌失之交臂的事情时有发生。因此，我国需要重视并加大资金投入力度，创建多学科支撑的复合型项目翻译团队，坚持长期并持续跟踪冬奥重点项目主要竞争对手国家的备战体系、国家队训练方法与手段、技战术、体育科技最新成果及后备人才培养等情报信息的收集、整理与深度研究，为国家运动队完善训练方法、提升技战术和提高后备人才培养质量以及采取应对预案等提供全面、及时和精准的信息服务与指导，提高比赛成绩。

国际竞赛规则是比赛的依据，也是运动员训练的根本遵循，要加强对比赛规则的研究，做到精准掌握规则，把握规则变化趋势，对规则的变化要做到有预见，早准备。因此，我国需要加强对新兴冬季项目的信息收集与研究工作，促其发展，还需要重视对冬奥项目比赛规则变化的研究，通过全面了解比赛规则变化目的和缘由，帮助国家队运动员对其理解和消化，并主动接受和快速适应比赛规则变化，调适好其心理状态，积极备战。此外，还要熟知有关冬奥会

---

[1] 徐翔. WADA《运动员反兴奋剂权利法案》的解读与启示——基于世界反兴奋剂机构诉孙杨案的思考 [J]. 沈阳体育学院学报, 2020, 39 (4): 60-67.

比赛信息，如比赛流程、时间进度安排等，使参赛人员提前做好准备，确保积极应战，提高比赛成绩，促进我国冬季项目高质量发展。

第二节　我国冬季项目高质量后备人才培养的思路

一、加强国家顶层设计，完善青少年体育政策法规

青少年体育政策法规是保障青少年体育发展的重要导向性文件。我国青少年体育政策是以教育部、国家体育总局、共青团中央以及多部委联合颁布为主，并呈现多元化发展趋势[1]。改革开放以来，我国政府围绕青少年体质健康发展先后出台了《学校体育工作条例》（1990）、《全民健身计划纲要》（1995）、《中华人民共和国体育法》（1995）、《全民健身条例》（2009）、《中小学校体育工作评估办法》（2014）、《国家学生体质健康标准》（2014）、《国家中长期教育改革和发展规划纲要（2010-2020）》（2010）、《关于进一步加强学校体育工作的若干意见》（2012）、《青少年体育活动促进计划》（2017）、《体育强国建设纲要》（2019）等一系列重要政策文件，在促进青少年体育发展、改善青少年体质下降、体育参与不足、体育运动环境失衡等方面发挥了重要的作用，特别是2022年新修订的《中华人民共和国体育法》中将青少年体育和学校体育置于优先发展的战略地位、将体育纳入学生综合素质评价范围，加强体教融合、协调文化学习与体育锻炼、规范体育场地、设施和器材标准、理顺各参与主体关系，凸显了体育教育在青少年全面发展中的重要[2]。但目前我国仍然面临青少年健康促进效果不显著、运动技能培养路径不顺畅、人才培养质量不高等困境[3]，而造成上述问题的主要原因是我国青少年体育政策法规还存在制定主体社会力量参与少、政策内容延续性和关联性不足、政策实施效果甚微等问题[4]。因

---

[1] 郭立涛，贾文彤. 我国青少年体育发展政策研究 [J]. 成都体育学院学报，2013，39（9）：14-18.
[2] 田思源，徐伟康，刘盈子，等. 新《体育法》实施背景下《青少年体育工作条例》制定研究 [J]. 天津体育学院学报，2023（6）：614-620.
[3] 柳鸣毅，敬艳，孔年欣，等. 青少年体育现代化治理的中国路径——对《中华人民共和国体育法》修订之省思 [J]. 体育科学，2023，43（2）：12-22，41.
[4] 李强. 改革开放四十年中国青少年体育政策演进述析 [J]. 成都体育学院学报，2021，47（1）：56-62.

此，我国应加强国家顶层设计，不断完善青少年体育政策。从政策制定主体来看，政府应加强与中国奥委会、中华全国体育总会、全国性单项体育协会等之间的协作，积极鼓励社会多元主体参与政策法规的制定，明晰各主体权责，形成多元化发展格局；在政策内容上，政府应从国家战略层面对青少年体育发展进行总体规划与布局，充分考虑城乡之间、各区域之间发展的不平衡性，出台更为全面、延续和关联性强以及可衡量性的政策文件，明晰阶段性发展目标与任务以及采取的主要措施，并落实到具体部门，便于对其阶段性工作进展与运行情况进行评估，为最终目标达成提供强有力的保证。由于冬季项目体育基础设施需要较大的资金投入，政府需要做好全面的资金预算，明确各类项目资金匹配数量与资金使用范围，保证预算资金的专款专用。通过完善政府财务经费预算指标与年度和阶段性财务分析指标的相互衔接，提高政府财政经费的使用效率。从政策实施与运行上，政府应加强对各级各类体育培训机构的监控与评估，规范其行为，重点加强体育培训内容、方法、师资、物质、技术、设施、竞赛、活动等监测，科学评估人才培养的质量与效果，及时了解并掌握人才培养数据指标，为国家管理部门的科学决策提供量化的数据支撑。

二、凝聚各方力量，激发后备人才运动兴趣

运动兴趣是后备人才参与活动的主要动力因素之一，有助于促其自主学习、健康生活方式养成及形成终身运动习惯，而吸纳和培养高质量冬季项目后备人才是提升我国冰雪项目国际竞争力与冰雪强国建设的基础和根本。随着2022年北京冬奥会的筹备与成功举办，促进了我国冬季运动项目的普及、推广与发展。截至2020年，参加全国性冰雪运动比赛的注册运动员人数由2015年5111人增至2020年11398人；全国冰雪特色学校2062所；正式注册的各级冰雪运动社会组织7百余个；全国标准冰场664块，室外各类滑雪场803个；冰雪裁判员近千人[1]。但相较于冬季项目体育强国，我国依然存在后备人才储备数量少、培养质量不高、分布不均、参加体育运动积极性不高、培训师资队伍建设不完

---

[1] 关子辰，葛婷婷. 冰雪运动竞技水平跨越式提升、人才队伍日益壮大……《北京2022年冬奥会和冬残奥会体育遗产报告（2022）》发布［N］. 北京商报，2022-01-19.

善等问题[1]。我国政府应协同社会多元主体，不断激发体育后备人才参与冬季运动项目兴趣，制订并出台针对后备人才的中长期体育赛事活动规划，每年、每季定期举办，并积极组织开展内容丰富、形式多样的运动项目体育教育课程和体育赛事活动，充分调动起后备人才参与体育运动的积极性和主动性，唤起其运动乐趣，增加体育运动人数。政府应将运动兴趣培养贯穿于后备人才培养的过程中，并通过建立以政府、社会、企业、家庭等为依托的多元化后备人才培养模式，不断挖掘天赋运动人才，丰富后备人才学习经验，积累其运动的积极情绪，促其参加专业化运动技能学习。此外，应积极打造高素质"双师型"后备人才师资队伍。通过增加高水平体育教练员和体育教师数量，为后备人才提供更为充足、全面和优质的专业运动技能指导。加强师资培训，不断提升其执教能力与水平，鼓励其不断创新体育教学设计与方法，为后备人才培养提供个性化和差异化服务与指导，提高后备人才的运动体验价值和满意度，激发其参与运动的兴趣，促其健康生活方式、终身运动习惯养成。

三、注重多学科交融，研制出符合我国后备人才基本运动技能培养标准

基本运动技能是人体基本动作的协调运用能力，是后备人才学习和掌握专项运动技能的前提基础和条件，其推广已成为体育教育和体育后备人才培养的核心要点，也是发达国家体育教育效果实施的评估标准。俄罗斯依据人才成长规律，结合运动项目特征，制定出不同运动项目基本运动技能培养标准，下放到各级后备人才培训机构，定期测评后备人才身体综合素质水平，为其开展专项运动技能学习奠定了较为牢固的基础。我国体育后备人才基本运动技能培养存在重视度不够、测评方法不规范等问题。为此，我国应加强后备人才基本运动技能的科学研究，重视后备人才早期阶段的基本运动技能的培养，注重多学科交叉与融合，积极探索并引进最新的基本运动技能理念与方法，研制出符合我国国情的后备人才基本运动技能测量数据常模，并通过完善体育素养测评体

---

[1] 吴晓华，伊剑. 北京冬奥会背景下冰雪后备人才培养现状与对策研究 [J]. 南京体育学院学报，2017, 31 (5): 25-29.

系，以实现对后备人才培养的实时监测，提高其健康水平的目的。同时，我国应规范后备人才基本运动技能培养标准。基本运动技能的发展状况，不仅对后备人才身体活动习惯的养成和身体健康发挥着积极的促进作用，而且对于专项运动技能学习具有重要作用。开展专项运动技能学习对后备人才的身体柔韧度等方面有着较为明确和具体的要求，而基本运动技能的学习主要是达到并符合各类运动项目对后备人才初级培养的基本要求。因此，我国政府应科学制订出不同运动项目基本运动技能培训标准，明确各类运动项目最佳培训年龄与培训周期计划，为其开展专项运动技能学习打好基础。

四、协同社会多元主体，完善后备人才运动技能培训标准

运动技能的学习在促进后备人才个体健康成长和全面发展中发挥着重要的作用。培训标准是评价后备人才运动技能水平提升程度的客观依据和标准，是为了了解其各阶段掌握了哪些内容以及达到了何种标准，是进入更高一级阶段学习的依据，这对于各类体育培训机构都是不可或缺的要素，旨在加强体育后备人才培养过程的科学性、规范性和有效性管理，避免"拔苗助长，急功近利"[1]。自2001年以来，我国出台了《义务教育体育与健康课程标准》《国家中长期教育改革和发展规划纲要（2010—2020）》《"健康中国2030"规划纲要》等一系列国家层面的宏观指导性政策文件，尤其是在新修订的《中华人民共和国体育法》中明确提出，学校应将校内开展的学生课外体育活动纳入教学计划，与体育课教学内容项衔接，每天在校体育锻炼时间不少于1小时、将国家学生体质健康标准列入教育教学考核内容、规范各类青少年体育培训组织行为[2]，进一步明晰和完善了青少年体育管理工作。但目前并未见到贯彻上述文件精神而制定的具体运动技能培训措施保证与评价标准，这势必造成各基层单位运动技能培训与评价标准的不统一、培养质量难以保证等问题[3]。因此，我国政府应借鉴国外经验，结合我国实际，制订并出台清晰的、可操作性强的和

---

[1] 樊江波. 制定运动技能学习质量标准需要考虑的几个问题 [J]. 体育学刊，2014，21（5）：99-102.
[2] 中华人民共和国体育法 [M]. 北京：中国法制出版社，2022.
[3] 唐炎.《青少年运动技能等级标准》的研制背景、体系架构与现实意义 [J]. 上海体育学院学报，2018，42（3）：2-7.

行之有效的各类冬季项目国家运动技能培训标准,并协同国家体育总局、中国奥委会、中华全国体育总会和全国性单项体育协会等社会多元主体不断修订和完善各类运动项目培训标准与方法,并要求各级各类体育培训机构严格遵守与执行,确保后备人才进行科学系统化培养,并充分与《运动员技术等级标准》相衔接,提高高水平体育后备人才培养质量。同时运动技能培训标准的制订能够为我国体育管理部门提供后备人才培养的科学决策提供全面和系统的数据支撑,及时掌握各阶段后备人才培养数量与规模。此外,从实际出发,构建出适合我国后备人才的运动技能培训标准体系,以促其开展阶梯式的专项运动技能学习,即从运动健康阶段开始,经过初级训练、专业训练、技能提高阶段至精英阶段。运动健康阶段重在扩大项目的普及与推广,加强后备人才参与运动的意识,通过运动达到促进其健康的目的;初级训练阶段注重培养后备人才对运动项目的兴趣至其主动了解和学习运动项目基本知识与技能;专业训练阶段旨在加强培养后备人才从了解运动项目基本操作方法至熟练掌握其原理和实践方法与运用;技能提高阶段重在培养后备人才由熟练应用运动技能向专业化运动水平转变的目的;精英阶段旨在实现后备人才从专业培养向职业化高水平运动技巧提升的目标。

五、依据人才成长规律,完善青少年体育竞赛体系

竞赛体系是检验后备人才培养效果和选拔优秀后备人才的客观有效标尺,旨在为竞技体育输出更多优秀后备人才。我国于 20 世纪 70 年代提出"体教结合"战略方针,但直到 20 世纪 90 年代实施效果甚微,造成问题的症结归因于我国长期处于"体教分离"状态。我国竞赛体系分别由政府领导下的体育行政部门的国家体育总局竞体司和教育部学生体育协会联合秘书处为主负责,这两个部门各自实行"分级比赛、分级管理",在竞赛理念和实践层面形成了明显的差异性[1]。2020 年 8 月国家体育总局、教育部联合印发《关于深化体教融合 促进青少年健康发展的意见》中指出,将全面深化体教融合发展,促进青少年健康发展,2022 年新修订《中华人民共和国体育法》中提出,学校应每学年

---

[1] 王义平,郑婕. 我国学校竞技体育人才培养竞赛管理体系研究 [J]. 山东体育学院学报,2013,29(3):86-91.

第九章　俄罗斯冬季项目体育后备人才培养体系对我国的启示

至少举办一次全校性体育运动会，体育行政部门给予学校组织体育训练、举办体育赛事活动等方面提供指导与帮助[1]。上述政策文件的出台在一定程度上缓解了体育部门与教育部门之间的冲突问题，但目前我国依然存在后备人才竞赛体系不完善、竞赛形式与内容不科学、训练与竞赛体制衔接不紧密、体育赛事活动立法建设供需不匹配、监管立法层级偏低、行政执法效能有限、体育纠纷解决机制不完善等问题[2-3]。我国应设立专职体育竞赛管理机构，协调好各部门以及社会多元主体之间的合作关系，明晰各参与主体权责，强化管办分离。要不断创新体育赛事体系，遵循后备人才生长发育和运动员成才的规律，充分考虑培养对象的特点与要求，组织多元化和内容丰富的竞赛活动，确保各级各类运动项目后备人才参赛，从中挖掘天赋运动人才。明确赛事目标受众与市场定位，制定个性化的赛事体验，增加后备人才参与的热情和积极性。调整并优化体育竞赛年龄组别和项目结构，扩大参赛人数，集中打造基础项目和传统优势项目后备人才基础，以为国家培育更多优秀后备人才。通过建立科学系统的后备人才运动技能等级评价和认定标准与办法，形成完善的监督与评估机制，确保其参加各类级别比赛，促其运动技能水平持续提升。同时，我国应理顺后备人才训练与竞赛体制，充分发挥体育竞赛体系在促进后备人才培养、体育组织建设、体育培训市场等方面的调节作用，促进后备人才培养更加科学化、专业化和系统化。不断总结后备人才训练和竞赛规律，理顺训练与竞赛体制，使各级各类竞赛形成层层衔接、科学合理的竞赛体系，确保竞赛体制与后备人才培养相吻合、相适应，相互促进，使竞赛体制成为促进后备人才成长的有利杠杆。加强体育赛事活动政策法规建设，规范体育赛事活动各参与主体权责，完善体育赛事活动行政执法工作与解决纠纷机制，全面提升体育赛事活动安全监控立法层次，为青少年体育赛事活动创建一个良好的法律制度环境，提高体育赛事活动质量与效益。此外，应加强后备人才体育精神的塑造与文化素养的培育，树立起正确的价值观、道德观、荣辱观、诚信意识及公平、公正和公开的

---

[1] 中华人民共和国体育法[M]. 北京：中国法制出版社，2022.
[2] 蒋亚斌，张恩利，孔维都，等. 新《体育法》实施背景下我国体育赛事活动安全监管立法：现状、问题及优化[J]. 体育学研究，2023，37（3）：76-86.
[3] 张恩利，蒋亚斌，张敏昊. 新修订《体育法》背景下我国体育赛事活动法律制度环境的现实审视与优化路径[J]. 西安体育学院学报，2023，40（1）：28-33.

体育竞赛观，确保"纯净体育"运动，推动体育强国建设。

结　语

　　研究认为，俄罗斯拥有较为完善且成熟的冬季项目体育后备人才培养体系。该体系是以普京总统关于青少年体育发展战略和冬奥会重要讲话为指导思想，并遵循必要性与充分性、一致性与联系性、技能与素质并行、健康与恪守的原则；以青少年体育政策法规为基础，明确规范后备人才培养各参与主体责权与运作规范；以"体社结合""体教融合"为主要培养形式，建立起少体校、俱乐部、协会等社会多元化协同体育后备人才培养模式；提供较为充足的财政经费支持，确保后备人才训练、比赛等对体育场地场馆、设施、技术等资金需求；组建高素质和综合实践指导能力强的"双师型"师资队伍，为后备人才培养提供了较为充分和全面的训练与指导；以运动兴趣培养和运动促进健康为理念，构建出五阶段、垂直一体化后备人才培训体系，确保了后备人才运动技能水平的不断提升与运动生涯持续健康发展；遵循科学训练标准，结合运动项目特点，建立与人才成长规律相适应的分级、分层体育竞赛体系，较好地实现了运动人才选拔、后备运动员训练、运动技能水平提升、培养效果检验等多元化服务目标。对我国的启示为完善青少年体育政策法规、激发后备人才运动兴趣、制订各类项目运动技能培养标准、加强青少年体育竞赛体系科学化建设，扩大后备人才培养规模，提升人才培养质量，加快冰雪体育强国建设具有重要意义。

参考文献

中文参考文献

[1] 王旋. 市场经济条件下我国冬季项目后备人才培养模式的研究 [J]. 哈尔滨体育学院学报, 2010, 28 (6): 24-26.

[2] 单清国, 刘江. 黑龙江省业余体校冬季运动项目后备人才的培养 [J]. 冰雪运动, 2010, 32 (3): 52-55.

[3] 王紫娟. 后青奥会时代我国竞技体育后备人才培养研究 [J]. 哈尔滨体育学院学报, 2016, 33 (6): 47-51.

[4] 李红育, 刘文娟. 深化改革我国冬季运动项目运行机制的研究 [J]. 武汉体育学院学报, 1993, 39 (3): 5-8.

[5] 宗磊. 从平昌冬奥会奖牌榜分析我国冬季项目发展格局 [J]. 贵州体育科技, 2018 (4): 36-38.

[6] 程文广, 刘兴. 需求导向的我国大众冰雪健身供给侧治理路径研究 [J]. 体育科学, 2016 (4): 11-19.

[7] 王永芳. 全球变暖对冰雪运动的影响 [J]. 和田师范专科学校学报, 2009, 28 (2): 247.

[8] 刘洋, 王邵励. 中国冰雪运动的历史轨迹与发展机遇: 基于"挑战—应战"理论 [J]. 中国学校体育 (高等教育), 2015 (12): 27-30.

[9] 徐刚. 新时期我国冬季运动项目的竞技发展研究 [J]. 北京体育大学学报, 2016,, 3 (9): 119-125, 131.

[10] 张建会. 冬奥会竞技强国冰雪项目发展经验与启示 [J]. 体育文化导刊, 2019 (2): 75-81.

[11] 刘波, 黄璐. 北京冬奥会成功举办背景下我国冬季项目可持续发展研究 [J]. 天津体育学院学报, 2022, 37 (4): 380-386.

[12] 张凤珍. 我国竞技体育后备人才培养体制的现状分析及对策 [J]. 体育与科学, 2008 (2): 69-71.

[13] 张春萍，胡恒，张子鳌，等．我国冰雪项目后备人才培养保障政策研究［J］．武汉体育学院学报，2020，54（10）：31-37.

[14] 吴晓华，伊剑．北京冬奥会背景下冰雪后备人才培养现状与对策研究［J］．南京体育学院学报，2017，31（5）：25-29.

[15] 张健，渠彦超，高力翔．国外竞技体育人才培养模式及其启示（二）——以德国与俄罗斯为例［J］．南京体育学院学报（自然科学版），2017，16（5）：59-64.

[16] 常利华．《俄罗斯联邦2016-2020年体育发展计划》及其启示［J］．体育文化导刊，2015（11）：25-28.

[17] 马忠利，叶华聪，陈浩，等．苏联解体后俄罗斯体育政策的演进及启示［J］．上海体育学院学报，2014，38（1）：12-17.

[18] 田麦久．运动训练学［M］．北京：人民体育出版社，2000.

[19] 荣敦国，王德新．浅析运动智力因素的培养［J］．南京体育学院学报（自然科学版），2017，16（2）：15-20.

[20] 何丽萍．垒球运动员心理训练探讨［J］．西部体育研究，2010（4）：130-132.

[21] 王蓓，谢慧松．2022年北京冬奥会背景下我国冬季奥运项目发展研究［J］．体育文化导刊，2019，9（9）：26-30，37.

[22] 杨国庆，王凯，叶强，等．北京冬奥会背景下我国冰雪运动推广与发展研究进展——基于2008-2017年的文献分析［J］．北京体育大学学报，2017，40（12）：95-100.

[23] 李荣，陈亮．冬奥会单人项目运动员参赛制胜特征及对2022年北京冬奥会的参赛启示［J］．体育科学，2020，40（4）：15-27.

[24] 马忠利，陈浩，王立华．中、俄2015年前公共体育设施建设规划研究［J］．西安体育学院学报，2014，31（3）：295-299.

[25] 杨平．俄罗斯群众体育发展战略研究［J］．体育文化导刊，2013（6）：38-41.

[26] 郭立涛，贾文彤．我国青少年体育发展政策研究［J］．成都体育学院学报，2013，39（9）：14-18.

[27] 李强．改革开放四十年中国青少年体育政策演进述析［J］．成都体育学院学报，2021，47（1）：56-62.

[28] 关子辰，葛婷婷．冰雪运动竞技水平跨越式提升、人才队伍日益壮大……《北京2022年冬奥会和冬残奥会体育遗产报告（2022）》发布［N］．北京商报，2022-01-19.

[29] 樊江波．制定运动技能学习质量标准需要考虑的几个问题［J］．体育学刊，2014，21（5）：99-102.

[30] 唐炎．《青少年运动技能等级标准》的研制背景、体系架构与现实意义［J］．上海体育学院学报，2018，42（3）：2-7.

[31] 王义平，郑婕．我国学校竞技体育人才培养竞赛管理体系研究［J］．山东体育学院学报，2013，29（3）：86-91.

[32] 郝光安，李贵森．“体教融合”的关键问题、发展思路与实践探索：以大中小学运动

技能等级标准制定为例［J］.北京体育大学学报，2021，44（1）：28-34.
［33］刘建军.高校德育课究竟是怎样一回事？——关于思想政治理论课价值与作用的对话［C］.吴潜涛，徐柏才，阎占定.全国思想政治教育高层论坛，北京：人民体育出版社，2011（10）：227-232.

外文参考文献

［1］Вырупаев В К，Антонов Денис Павлович，Титова Н А，．Актуальные вопросы формирования системы подготовки спортивного резерва в российской федерации［J］. Наука и спорт：современные тенденции，2018，3（20）：47-52.
维鲁帕耶夫 V K，安东诺夫·丹尼斯·帕夫洛维奇，蒂托娃 N A，等.组建俄罗斯联邦体育后备人才培养体系的现实问题［J］.科学与体育：当前趋势，2018，3（20）：47-52.

［2］Олимпийский комитет России．https：// olympic. ru/team/sport/
俄罗斯奥委会官方网址．https：// www. olympic. ru/team/sport/.

［3］Министерство спорта Российской Федерации．Состоялось совместное заседание коллегии минспорта россии и исполкома олимпийского комитета россии［EB/OL］.（2018-04-12）［2021-11-27］. https：// www. minsport. gov. ru/press-centre/news/31999/.
俄联邦体育部．俄联邦体育部与俄罗斯奥委会执行委员会举行联席会议［EB/OL］.［2018-04-12］. https：// www. minsport. gov. ru/press-centre/news/31999/.

［4］Министерство спорта Российской Федерации．Статистическое наблюдение за физической культурой и спортом（по состоянию на 31. 12. 2021 г.）. http：//www. minsport. gov. ru.
俄罗斯联邦体育部．体育统计观察［EB/OL］.［2021-12-31］. http：//www. minsport. gov. ru.

［5］Министерство спорта Российской Федерации．Статистическое наблюдение за физической культурой и спортом（по состоянию на 31. 12. 2020 г.）. http：//www. minsport. gov. ru.
俄罗斯联邦体育部．体育统计观察［EB/OL］.［2020-12-31］. http：//www. minsport. gov. ru.

［6］Министерство спорта Российской Федерации．Статистическое наблюдение за физической культурой и спортом（по состоянию на 31. 12. 2019 г.）. http：//www. minsport. gov. ru.
俄罗斯联邦体育部．体育统计观察［EB/OL］.［2019-12-31］. http：//www. minsport. gov. ru.

［7］Министерство спорта Российской Федерации．Статистическое наблюдение за физической культурой и спортом（по состоянию на 31. 12. 2018 г.）. http：//www. minsport. gov. ru.
俄罗斯联邦体育部．体育统计观察［EB/OL］.［2018-12-31］. http：//www. minsport. gov. ru.

［8］Министерство спорта Российской Федерации．Статистическое наблюдение за физической культурой и спортом（по состоянию на 31. 12. 2017 г.）. http：//www. minsport. gov. ru.
俄罗斯联邦体育部．体育统计观察［EB/OL］.［2017-12-31］. http：//www. minsport. gov. ru.

［9］Министерство спорта Российской Федерации．Статистическое наблюдение за физической культурой и спортом（по состоянию на 31. 12. 2016 г.）. http：//www. minsport. gov. ru.

俄罗斯联邦体育部. 体育统计观察 [EB/OL]. [2016-12-31]. http://www.minsport.gov.ru.

[10] Министерство спорта Российской Федерации. Статистическое наблюдение за физической культурой и спортом (по состоянию на 31.12.2015 г.). http://www.minsport.gov.ru.
俄罗斯联邦体育部. 体育统计观察 [EB/OL]. [2015-12-31]. http://www.minsport.gov.ru.

[11] Министерство спорта Российской Федерации. Статистическое наблюдение за физической культурой и спортом (по состоянию на 31.12.2014 г.). http://www.minsport.gov.ru.
俄罗斯联邦体育部. 体育统计观察 [EB/OL]. [2014-12-31]. http://www.minsport.gov.ru.

[12] Министерство спорта Российской Федерации. Статистическое наблюдение за физической культурой и спортом (по состоянию на 31.12.2013 г.). http://www.minsport.gov.ru.
俄罗斯联邦体育部. 体育统计观察 [EB/OL]. [2013-12-31]. http://www.minsport.gov.ru.

[13] Министерство спорта Российской Федерации. Статистическое наблюдение за физической культурой и спортом (по состоянию на 31.12.2012 г.). http://www.minsport.gov.ru.
俄罗斯联邦体育部. 体育统计观察 [EB/OL]. [2012-12-31]. http://www.minsport.gov.ru.

[14] Министерство спорта, туризма и молодежной политики Российской Федерации. Статистическое наблюдение за физической культурой и спортом (31.12.2011 г.). http://www.minsport.gov.ru.
俄罗斯联邦体育、旅游和青年政策部. 体育统计观察 [EB/OL]. [2011-12-31]. http://www.minsport.gov.ru.

[15] Министерство спорта, туризма и молодежной политики Российской Федерации. Статистическое наблюдение за физической культурой и спортом (31.12.2010 г.). http://www.minsport.gov.ru.
俄罗斯联邦体育、旅游和青年政策部. 体育统计观察 [EB/OL]. [2010-12-31]. http://www.minsport.gov.ru.

[16] Министерство спорта, туризма и молодежной политики Российской Федерации. Статистическое наблюдение за физической культурой и спортом (31.12.2009 г.). http://www.minsport.gov.ru.
俄罗斯联邦体育、旅游和青年政策部. 体育统计观察 [EB/OL]. [2009-12-31]. http://www.minsport.gov.ru.

[17] Министерство спорта, туризма и молодежной политики Российской Федерации. Статистическое наблюдение за физической культурой и спортом (31.12.2008 г.). http://www.minsport.gov.ru.
俄罗斯联邦体育、旅游和青年政策部. 体育统计观察 [EB/OL]. [2008-12-31]. http://www.minsport.gov.ru.

[18] Горохова Е В. Влияние олимпийских зимних игр (2002, 2006, 2010 и 2014 гг.) на развитие спорта в мире [J]. вестник московского университета, 2018 (2): 97-101.
戈罗霍娃 Е В. 冬奥会（2002、2006、2010 和 2014 年）对世界体育发展的影响 [J].

莫斯科大学学报，2018（2）：97-101.

[19] Мельникова Н Ю. Тревожный прогноз: Глобальное потепление и Олимпийские зимние виды спорта [J]. Вестник спортивной науки, 2015（4）：39-42.

梅尔尼科娃 Н Ю. 惊心的预测：全球变暖与奥林匹克冬季运动项目 [J]. 体育科学学报，2015（4）：39-42.

[20] Чернышова Анастасия Николаевна, Скоблицкая Юлия Александровна. Архитектурно-планировочные особенности организации крытых комплексов для зимних видов спорта [J]. Вестник Томского государственного архитектурно-строительного университета, 2023, 25（1）：66-73.

车尔尼绍娃·阿纳斯塔西娅·尼古拉耶夫娜，斯科布利茨卡娅·尤利娅·亚历山德罗夫娜. 冬季运动项目室内综合设施组织的建筑规划特点 [J]. 托木斯克国立建筑大学学报，2023, 25（1）：66-73.

[21] Евтух Александр Владимирович, Квашук Павел Валентинович, Шустин Борис Николаевич. Научно-методические основы многолетней подготовки спортсменов [J]. вестник спортивной науки, 2008（4）：16-19.

叶夫图赫·亚历山大·弗拉基米罗维奇，克瓦舒克·帕维尔·瓦伦蒂诺维奇，舒斯汀·鲍里斯·尼古拉耶维奇. 运动员长期培训的科学方法基础 [J]. 体育科学通报，2008（4）：16-19.

[22] Мелихова Татьяна Михайловна. Модернизация государственной политики по развитию массового детско-юношеского спорта [C]//Федеральное государственное образовательное учреждение высшего профессионального образования " Уральский государственный университет физической культуры", XX региональная научно-практическая конференция: Оптимизация учебно-воспитательного прцесса в образовательных учреждениях физической культуры, Челябинск: Уральский государствен ный университет физической культуры, 2010：221-223.

梅利霍娃·塔季扬娜·米哈伊洛夫娜. 国家发展大众儿童和青少年体育政策的现代化 [C]//联邦国立高等职业教育机构乌拉尔国立体育大学，第二十届区域科学实践会议：体育教育机构教学培养过程优化，车里雅宾斯克：乌拉尔国立体育大学，2010：221-223.

[23] Крылова Валерия Михайловна. Требования к материально-техническому обеспечению спортивной подготовки спортсменов по видам спорта [J]. Вестник спортивной науки, 2016（5）：48-51.

克雷洛娃·瓦列里娅·米哈伊洛夫娜. 运动员体育培训的物资技术保障要求 [J]. 体育科学通报，2016（5）：48-51.

[24] Быков Николай Николаевич. Перспективные направления повышения качества подготовки спортивного резерва для сборных команд РФ [C]//Месхи Б Ч, сухинов А И, Пожидаев

С Н, тд. Инновации：спортивная наука и практика, Ростов-на-Дону：Донской государственный технический университет, 2016：236-238.

贝科夫 Н Н. 俄罗斯联邦国家队体育后备人才培养质量提升的前景方向 [C]// 梅西 Б Ч, 苏希诺夫 А И, 波日达耶夫 С Н 等. 创新：体育科学与实践国际会议论文集, 罗斯托夫：顿河国立技术大学, 2016：236-238.

[25] Вырупаев Константин Викторович, Лапин Алексей Юрьевич, Титова Н А,等. Анализ состояния медико-биологического обеспечения подготовки спортивного резерва [J]. Наука и спорт：современные тенденции, 2018 (21)：11-18.

维鲁帕耶夫·康斯坦丁·维克托罗维奇, 拉平·阿列克谢·尤里耶维奇, 蒂托娃 Н А, 等. 体育后备人才培养的生物医学保障状况分析 [J]. 科学与体育：当前趋势, 2018 (21)：11-18.

[26] Фонарев Дмитрий Владимирович, Погудин Сергей Михайлович. Теоретико-методологические аспекты физкультурно-спортивной ориентации и отбора олимпийского резерва [J]. Наука и спорт：современные тенденции. 2019 (7)：46-51.

福纳列夫·德米特里·弗拉基米罗维奇, 波古丁·谢尔盖·米哈伊洛维奇. 奥林匹克后备人才选拔与运动定向的理论方法 [J]. 科学与体育：当前趋势, 2019 (7)：46-51.

[27] Владимир Владимирович Путин. Россия на рубеже тысячелетий [N]. Независимая газета. 30-12-1999.

弗拉基米尔·弗拉基米罗维奇·普京. 千年之交的俄罗斯 [N]. 独立报, 1999-12-30.

[28] Федеральный центр подготовки спортивного резерва. Концепция подготовки спортивного резерва в российской федерации до 2025 года [J]. Вестник спортивного резерва, 2017 (1)：4-29.

联邦体育后备人才培训中心. 俄罗斯联邦2025年前体育后备人才培养的构想 [J]. 体育后备人才通报, 2017 (1)：4-29.

[29] Самсонов Иван Иванович, Клецов Константин Геннадьевич. О гармонизации законодательства в сфере физической культуры, спорта и образования, концепции подготовки спортивного резерва и детско-юношеского спорта в российской федерации [J]. Вестник спортивной науки, 2021 (4)：31-36.

萨姆索诺夫 伊万·伊万诺维奇, 克列佐夫·康斯坦丁·根纳季耶维奇. 关于协调体育、运动和教育领域立法, 俄罗斯联邦体育后备人才培养的构想以及俄联邦儿童和青少年体育 [J]. 体育科学通报, 2021 (4)：31-36.

[30] Зайцева Александра Анатольевна, Филипьева Диана Дмитриевна, Жданович Дмитрий Олегович. Анализ участия студенческих сборных команд российской федерации на Всемирных летних и зимних студенческих играх в 2013-2021 годах [J]. Физическое воспитание и студенческий спорт, 2023, 2 (1)：42-51.

扎伊采娃·亚历山德拉·阿纳托利耶夫娜, 菲利皮耶娃·戴安娜·德米特里耶夫娜,日丹诺维奇·德米特里·奥列戈维奇.2013-2021年世界夏季和冬季学生运动会俄罗斯联邦学生代表队参赛情况分析［J］.体育教育和学生运动，2023，2（1）：42-51.

［31］Правительство Российской Федерации. Трудовой Кодекс Российской Федерации （30. 12. 2001）N197-ФЗ. http：// base. garant. ru/12125268/.
俄罗斯联邦政府.俄罗斯联邦劳动法［EB/OL］.［2001-12-30］N197-ФЗ. http：// base. garant. ru/12125268/.

［32］Правительство Российской Федерации. О федеральной целевой программе " Развитие физической культуры и спорта в Российской Федерации на 2006-2015 годы （11. 01. 2006）N7. https：// base. garant. ru/189071/.
俄罗斯联邦政府.俄罗斯联邦2006-2015年体育发展计划［EB/OL］.［2006-01-11］N7. https：// base. garant. ru/189071/.

［33］Правительство Российской Федерации. О федеральной целевой программе " Развитие физической культуры и спорта в Российской Федерации на 2016-2020 годы" （21. 01. 2015）N 30. https：// base. garant. ru/70852372/ .
俄罗斯联邦政府.俄罗斯联邦2016-2020年体育发展计划［EB/OL］.［2015-01-21］N 30. https：// base. garant. ru/70852372/.

［34］Правительство Российской Федерации. Федеральный закон " О физической культуре и спорте в Российской Федерации" от 4 декабря 2007 г. N 329-ФЗ. http：// base. garant. ru/12157560/.
俄罗斯联邦政府.俄罗斯联邦体育法［EB/OL］.［2007-12-4］N329-F3. http：// base. garant. ru/12157560/.

［35］Правительство Российской Федерации. Стратегия развития физической культуры и спорта в Российской Федерации на период до 2020 года. 7 августа 2009г. №1101-р. http：//www. minsport. gov. ru.
俄罗斯联邦政府.俄罗斯联邦2020年前体育发展战略［EB/OL］.［2009-8-7］.N1101-р. http：//www. minsport. gov. ru.

［36］Правительство Российской Федерации. Концепция подготовки спортивного резерва в российской федерации до 2025 года （17. 10. 2018）N2245-P. http：//www. minsport. gov. ru.
俄罗斯联邦政府.俄罗斯联邦2025年前体育后备人才培养的构想［EB/OL］.［2018-10-17］N2245-P. http：//www. minsport. gov. ru.

［37］Правительство Российской Федерации. Стратегия развития физической культуры и спорта в Российской Федерации на период до 2030 года. 24 ноября 2020г. № 3081-р. http：//www. minsport. gov. ru.
俄罗斯联邦政府.俄罗斯联邦2030年前体育发展战略［EB/OL］.［2020-11-24］.N3081. http：//www. minsport. gov. ru.

［38］Министерство спорта Российской Федерации. Об утверждении особенностей организации и осуществления образовательной, тренировочной и методической деятельности в области физической культуры и спорта （27.12.2013）N1125. http：// www. consultant. ru/document/cons_ doc_ LAW_ 160002/.

俄罗斯联邦体育部．关于批准体育教育、培训和方法活动组织与实施的特点［EB/OL］. ［2013-12-27］N1125. http：// www. consultant. ru/document/cons_ doc_ LAW_ 160002/.

［39］Министерство спорта Российской Федерации. Об утверждении порядка осуществления контроля за соблюдением организациями, осуществляющими спортивную подготовку, федеральных стандартов спортивной подготовки. 16.08.2013N636. http：// www. consultant. ru/document/cons_ doc_ LAW_ 154070/.

俄罗斯联邦体育部．关于批准监测体育培训组织遵守联邦体育培训标准的程序［EB/OL］. ［2013-08-16］. N636. http：// www. consultant. ru/document/cons_ doc_ LAW_ 154070/.

［40］Ермилова Виктория Валерьевна, Михайлова Елена Янверовна, Филиппов Сергей Сергеевич. Правовой аспект разработки программ спортивной подготовки［J］. Ученые записки университета им. п. ф. лесгафта, 2015, 125（7）：75-81.

埃尔米洛娃·维多利亚·瓦列里耶夫娜, 米哈伊洛娃·埃琳娜·扬维罗夫娜, 菲利波夫·谢尔盖·谢尔盖耶维奇．制定体育培训计划的法律基础［J］. 莱斯加夫塔大学科学笔记, 2015, 125（7）：75-81.

［41］Енченко Ирина Валерьевна. Финансовое обеспечение системы подготовки спортивного резерва в российской федерации［J］. Физическая культура. спорт. туризм. двигательная рекреация, 2019, 4（1）：130-138.

恩琴科·伊琳娜·瓦列里耶夫娜．俄罗斯联邦体育后备人才培训体系的财政保障［J］. 体育、运动、旅游及运动娱乐, 2019, 4（1）：130-138.

［42］Антонов Д П, Братков К И, Гурин Я В. Опредерение особенностей режима действия федеральных стандартов спортивной подготовки и программ спортивой подготовки ［J］. Вестник спортивной науки, 2013（5）：49-52.

安东诺夫 D P, 布拉特科夫 K I, 古林 La V. 规范联邦体育培训标准和体育培训计划制度的特点［J］. 体育科学通报, 2013（5）：49-52.

［43］Министерство спорта, туризма и молодежной политики Российской Федерации. Статистические наблюдения за подготовкой спортивного резерва（по состоянию на 31.12.2011 г.）. http：//www. minsport. gov. ru.

俄罗斯联邦体育, 旅游和青年政策部．体育后备人才培养统计观察［EB/OL］. ［2011-12-31］. http：//www. minsport. gov. ru.

［44］Министерство спорта Российской Федерации. Статистические наблюдения за подготовкой спортивного резерва（по состоянию на 31.12.2012 г.）. http：//www. minsport. gov. ru.

俄罗斯联邦体育部．体育后备人才培养统计观察［EB/OL］. ［2012-12-31］. http：// www. minsport. gov. ru.

[45] Министерство спорта Российской Федерации. Статистические наблюдения за подготовкой спортивного резерва（по состоянию на 31.12.2013 г.）. http://www.minsport.gov.ru. 俄罗斯联邦体育部. 体育后备人才培养统计观察［EB/OL］.［2013-12-31］. http://www.minsport.gov.ru.

[46] Министерство спорта Российской Федерации. Статистические наблюдения за подготовкой спортивного резерва（по состоянию на 31.12.2014 г.）. http://www.minsport.gov.ru. 俄罗斯联邦体育部. 体育后备人才培养统计观察［EB/OL］.［2014-12-31］. http://www.minsport.gov.ru.

[47] Министерство спорта Российской Федерации. Статистические наблюдения за подготовкой спортивного резерва（по состоянию на 31.12.2015 г.）. http://www.minsport.gov.ru. 俄罗斯联邦体育部. 体育后备人才培养统计观察［EB/OL］.［2015-12-31］. http://www.minsport.gov.ru.

[48] Министерство спорта Российской Федерации. Статистические наблюдения за подготовкой спортивного резерва（по состоянию на 31.12.2016 г.）. http://www.minsport.gov.ru. 俄罗斯联邦体育部. 体育后备人才培养统计观察［EB/OL］.［2016-12-31］. http://www.minsport.gov.ru.

[49] Министерство спорта Российской Федерации. Статистические наблюдения за подготовкой спортивного резерва（по состоянию на 31.12.2017 г.）. http://www.minsport.gov.ru. 俄罗斯联邦体育部. 体育后备人才培养统计观察［EB/OL］.［2017-12-31］. http://www.minsport.gov.ru.

[50] Министерство спорта Российской Федерации. Статистические наблюдения за подготовкой спортивного резерва（по состоянию на 31.12.2018 г.）. http://www.minsport.gov.ru. 俄罗斯联邦体育部. 体育后备人才培养统计观察［EB/OL］.［2018-12-31］. http://www.minsport.gov.ru.

[51] Министерство спорта Российской Федерации. Статистические наблюдения за подготовкой спортивного резерва（по состоянию на 31.12.2019 г.）. http://www.minsport.gov.ru. 俄罗斯联邦体育部. 体育后备人才培养统计观察［EB/OL］.［2019-12-31］. http://www.minsport.gov.ru.

[52] Министерство спорта Российской Федерации. Статистические наблюдения за подготовкой спортивного резерва（по состоянию на 31.12.2020 г.）. http://www.minsport.gov.ru. 俄罗斯联邦体育部. 体育后备人才培养统计观察［EB/OL］.［2020-12-31］. http://www.minsport.gov.ru.

[53] Министерство спорта Российской Федерации. Статистические наблюдения за подготовкой спортивного резерва（по состоянию на 31.12.2021 г.）. http://www.minsport.gov.ru. 俄罗斯联邦体育部. 体育后备人才培养统计观察［EB/OL］.［2021-12-31］. http://www.minsport.gov.ru.

[54] Министерство спорта Российской Федерации. Федеральные стандарты спортивной подготовки по Виду спорта 《конькобежный спорт》(по состоянию на 19. 12. 2019 г.). http://www.minsport.gov.ru.

俄罗斯联邦体育部. 联邦体育培训标准《速度滑冰》[EB/OL]. [2019-12-19]. http://www.minsport.gov.ru.

[55] Министерство спорта Российской Федерации. Федеральные стандарты спортивной подготовки по Виду спорта 《Лыжные гонки》(по состоянию на 07. 06. 2019 г.). http://www.minsport.gov.ru.

俄罗斯联邦体育部. 联邦体育培训标准《越野滑雪》[EB/OL]. [2019-06-07]. http://www.minsport.gov.ru.

[56] Министерство спорта Российской Федерации. Федеральные стандарты спортивной подготовки по Виду спорта 《Лыжное ДвоеБорье》(по состоянию на 09. 02. 2018 г.). http://www.minsport.gov.ru.

俄罗斯联邦体育部. 联邦体育培训标准《北欧两项》[EB/OL]. [2018-02-09]. http://www.minsport.gov.ru.

[57] Министерство спорта Российской Федерации. Федеральные стандарты спортивной подготовки по Виду спорта 《Хоккей》(по состоянию на 07. 07. 2019 г.). http://www.minsport.gov.ru.

俄罗斯联邦体育部. 联邦体育培训标准《冰球》[EB/OL]. [2019-07-07]. http://www.minsport.gov.ru.

[58] Министерство спорта Российской Федерации. Федеральные стандарты спортивной подготовки по Виду спорта 《Сноуборд》(по состоянию на 09. 02. 2018 г.). http://www.minsport.gov.ru.

俄罗斯联邦体育部. 联邦体育培训标准《单板滑雪》[EB/OL]. [2018-02-09]. http://www.minsport.gov.ru.

[59] Министерство спорта Российской Федерации. Федеральные стандарты спортивной подготовки по Виду спорта 《Биатлон》(по состоянию на 20. 09. 2019 г.). http://www.minsport.gov.ru.

俄罗斯联邦体育部. 联邦体育培训标准《冬季两项》[EB/OL]. [2019-09-20]. http://www.minsport.gov.ru.

[60] Министерство спорта Российской Федерации. Федеральные стандарты спортивной подготовки по Виду спорта 《Горнолыжный спорт》(по состоянию на 13. 02. 2018 г.). http://www.minsport.gov.ru.

俄罗斯联邦体育部. 联邦体育培训标准《高山滑雪》[EB/OL]. [2018-02-13]. http://www.minsport.gov.ru.

[61] Министерство спорта Российской Федерации. Федеральные стандарты спортивной

подготовки по Виду спорта 《Фигурное катание на коньках》(по состоянию на 15. 02. 2018 г.). http：//www. minsport. gov. ru.

俄罗斯联邦体育部. 联邦体育培训标准《花样滑冰》[EB/OL]. [2018-02-15]. http://www. minsport. gov. ru.

[62] Министерство спорта Российской Федерации. Федеральные стандарты спортивной подготовки по Виду спорта 《бобслей》《скелетон》(по состоянию на 09. 02. 2018 г.). http：//www. minsport. gov. ru.

俄罗斯联邦体育部. 联邦体育培训标准《雪车》《钢架雪车》[EB/OL]. [2018-02-09]. http://www. minsport. gov. ru.

[63] Министерство спорта Российской Федерации. Федеральные стандарты спортивной подготовки по Виду спорта 《санный спорт》(по состоянию на 09. 02. 2018 г.). http：//www. minsport. gov. ru.

俄罗斯联邦体育部. 联邦体育培训标准《雪橇》[EB/OL]. [2018-02-09]. http://www. min-sport. gov. ru.

[64] Министерство спорта Российской Федерации. Федеральные стандарты спортивной подготовки по Виду спорта 《фристайjl》(по состоянию на 12. 02. 2018 г.). http：//www. minsport. gov. ru.

俄罗斯联邦体育部. 联邦体育培训标准《自由式滑雪》[EB/OL]. [2018-02-12]. http://www. minsport. gov. ru.

[65] Министерство спорта Российской Федерации. Федеральные стандарты спортивной подготовки по Виду спорта 《кёрлинг》(по состоянию на 14. 02. 2018 г.). http：//www. minsport. gov. ru.

俄罗斯联邦体育部. 联邦体育培训标准《冰壶》[EB/OL]. [2018-02-14]. http://www. mins-port. gov. ru.

[66] Министерство спорта Российской Федерации. Федеральные стандарты спортивной подготовки по Виду спорта 《прыжки на лыжах с трамплина》(по состоянию на 22. 05. 2013 г.). http：//www. minsport. gov. ru.

俄罗斯联邦体育部. 联邦体育培训标准《跳台滑雪》[EB/OL]. [2013-05-22]. http://www. mi-nsport. gov. ru.

[67] Тимакова Татьяна Серафимовна, Кулагина Юлия Борисовна, Шилина И А. Анализ состояния НМО в организациях, ответственных за подготовку спортивного резерва в стране [J]. Вестник спортивной науки, 2017 (5)：23-27.

季玛科娃·塔季扬娜·谢拉菲莫夫娜, 库拉吉娜·尤利娅·鲍里索夫娜, 希琳娜 И A. 体育后备人才培训的科学方法支持状况分析 [J]. 体育科学, 2017 (5)：23-27.

[68] Министерство спорта, туризма и молодежной политики Российской Федерации. итоги работы за 2008 год. www. minsport. gov. ru.

俄罗斯联邦体育、旅游和青年政策部.2008年度工作报告［EB/OL］.［2021-07-14］. http://www.minsport.gov.ru.

[69] Министерство спорта, туризма и молодежной политики Российской Федерации. итоги работы за 2009 год. www.minsport.gov.ru.
俄罗斯联邦体育、旅游和青年政策部.2009年度工作报告［EB/OL］.［2021-07-14］. www.minsport.gov.ru.

[70] Министерство спорта, туризма и молодежной политики Российской Федерации. итоги работы за 2010 год. www.minsport.gov.ru.
俄罗斯联邦体育、旅游和青年政策部.2010年度工作报告［EB/OL］.［2021-07-14］. www.minsport.gov.ru.

[71] Министерство спорта, туризма и молодежной политики Российской Федерации. итоги работы за 2011 год. www.minsport.gov.ru.
俄罗斯联邦体育、旅游和青年政策部.2011年度工作报告［EB/OL］.［2021-07-14］. www.minsport.gov.ru.

[72] Министерство спорта Российской Федерации. итоги работы за 2012 год. www.minsport.gov.ru.
俄罗斯联邦体育部.2012年度工作报告［EB/OL］.［2021-07-14］.www.minsport.gov.ru.

[73] Министерство спорта Российской Федерации. итоги работы за 2013 год. www.minsport.gov.ru.
俄罗斯联邦体育部.2013年度工作报告［EB/OL］.［2021-07-14］.www.minsport.gov.ru.

[74] Министерство спорта Российской Федерации. итоги работы за 2014 год. www.minsport.gov.ru.
俄罗斯联邦体育部.2014年度工作报告［EB/OL］.［2021-07-14］.www.minsport.gov.ru.

[75] Министерство спорта Российской Федерации. итоги работы за 2015 год. www.minsport.gov.ru.
俄罗斯联邦体育部.2015年度工作报告［EB/OL］.［2021-07-14］.www.minsport.gov.ru.

[76] Министерство спорта Российской Федерации. итоги работы за 2016 год. www.minsport.gov.ru.
俄罗斯联邦体育部.2016年度工作报告［EB/OL］.［2021-07-14］.www.minsport.gov.ru.

[77] Министерство спорта Российской Федерации. итоги работы за 2017 год. www.minsport.gov.ru.
俄罗斯联邦体育部.2017年度工作报告［EB/OL］.［2021-07-14］.www.minsport.gov.ru.

[78] Министерство спорта Российской Федерации. итоги работы за 2018 год. www.minsport.gov.ru.
俄罗斯联邦体育部.2018年度工作报告［EB/OL］.［2021-07-14］.www.minsport.gov.ru.

[79] Министерство спорта Российской Федерации. итоги работы за 2019 год. www.mins-

port. gov. ru.

俄罗斯联邦体育部.2019年度工作报告［EB/OL］.［2021-07-14］.www.minsport.gov.ru.

［80］Министерство спорта Российской Федерации.итоги работы за 2020 год.www.minsport.gov.ru.

俄罗斯联邦体育部.2020年度工作报告［EB/OL］.［2021-07-14］.www.minsport.gov.ru.

［81］Министерство спорта Российской Федерации.итоги работы за 2021 год.www.minsport.gov.ru.

俄罗斯联邦体育部.2021年度工作报告［EB/OL］.［2021-07-14］.www.minsport.gov.ru.

［82］Федерация хоккея России.Программа развития хоккея в Российской Федерации на 2018-2022 годы（20.07.2018.N5/18）.http：//www.minsport.gov.ru.

俄罗斯冰球联合会.2018-2022年俄罗斯联邦冰球发展计划［EB/OL］.［2018-07-20］.http：//www.minsport.gov.ru.

［83］Федерация горнолыжного спорта и сноуборда России.Программа развития горнолыжного спорта в Российской Федерации на 2018-2022 годы（13 июня 2018 г.№ 2）.http：//www.minsport.gov.ru.

俄罗斯高山滑雪和单板滑雪联合会.2018-2022年俄罗斯联邦高山滑雪发展计划［EB/OL］.［2018-07-13］.http：//www.minsport.gov.ru.

［84］Федерация лыжных гонок России.Программы развития лыжных гонок в Российской Федерации на 2018 – 2022 годы（19.09.2018 №1）.http：//www.minsport.gov.ru.

俄罗斯越野滑雪联合会.2018-2022年俄罗斯联邦越野滑雪发展计划［EB/OL］.［2018-09-19］.http：//www.minsport.gov.ru.

［85］Щенникова Марина Юрьевна，Петров Сергей Иванович.Подготовка кадров для спорта：современное состояние и направления развития［J］.Ученые записки университета имени П.Ф.Лесгафта，2017，147（5）：203-211.

申尼科娃·玛丽娜·尤里耶夫娜，彼得罗夫·谢尔盖·伊万诺维奇.体育人员培训：现状与发展方向［J］.莱斯加夫塔大学的科学笔记，2017，147（5）：203-211.

附件　俄罗斯各类冬季项目第 2～5 阶段体育后备人才教学与训练计划

表 1　俄罗斯各类冬季运动项目第 2 阶段教学与训练计划

运动项目	身体素质发展	教学训练内容	
		男孩	女孩
		专项体能训练内容与标准	
花样滑冰	速度	30 米跑（不超过 6.9 秒）	30 米跑（不超过 7.2 秒）
	协调性	两点往返跑 3×10 米（不超过 9.2 秒）	两点往返跑 3×10 米（不超过 9.3 秒）
		双跳绳 1 分钟（不少于 65 次）	
		单跳绳 1 分钟（不少于 30 次）	
	速度-力量	跳远（不少于 118 厘米）	跳远（不少于 112 厘米）
		立定跳远（不少于 27 厘米）	立定跳远（不少于 24 厘米）
		仰卧起坐 1 分钟（不少于 13 个）	仰卧起坐 1 分钟（不少于 12 个）
		俯卧撑 1 分钟（不少于 10 次）	俯卧撑 1 分钟（不少于 8 次）
	灵活性	前后直臂转肩（宽度不超过 50 厘米）	前后直臂转肩（宽度不超过 40 厘米）
北欧两项	速度	30 米蹲踞式起跑（不超过 5.8 秒）	30 米蹲踞式起跑（不超过 6 秒）
	速度-力量	跳远（不少于 150 厘米）	跳远（不少于 140 厘米）
		立定跳远（不少于 25 厘米）	立定跳远（不少于 20 厘米）
	力量	俯卧撑（不少于 12 次）	俯卧撑（不少于 8 次）
	强耐力	仰卧起坐（不少于 10 次）	仰卧起坐（不少于 7 次）
雪橇	速度	站立式起跑 30 米（不超过 5.4 秒）	站立式起跑 30 米（不超过 5.6 秒）
		30 米蹲踞式起跑（不超过 4.4 秒）	30 米蹲踞式起跑（不超过 4.6 秒）

附件 俄罗斯各类冬季项目第2~5阶段体育后备人才教学与训练计划

续表

运动项目	身体素质发展	教学训练内容 男孩	教学训练内容 女孩
		专项体能训练内容与标准	
雪橇	力量	引体向上（不少于2次）	引体向上（不少于1次）
		俯卧撑（不少于15次）	俯卧撑（不少于10次）
	速度-力量	跳远（不少于150厘米）	跳远（不少于140厘米）
		仰卧起坐30秒（不少于22次）	仰卧起坐30秒（不少于20次）
自由式滑雪	速度	30米蹲踞式起跑（不超过6.5秒）	30米蹲踞式起跑（不超过6.9秒）
	速度-力量	跳远（不少于130厘米）	跳远（不少于125厘米）
		立定跳远（不少于20厘米）	立定跳远（不少于15厘米）
	耐力性	800米跑（不超过4分钟50秒）	800米跑（不超过5分钟）
	力量	俯卧撑（不少于12次）	俯卧撑（不少于8次）
	强耐力	仰卧起坐（不少于10次）	仰卧起坐（不少于7次）
	协调性	两点往返跑3×10米（不超过10.3秒）	两点往返跑3×10米（不超过10.9秒）
	灵活性	坐位体前屈（不少于3.5厘米）	坐位体前屈（不少于5厘米）
冰壶	速度	60米跑（不超过12秒）	60米跑（不超过12.9秒）
	耐力性	1000跑米（不超过6分30秒）	1000米跑（不超过6分50秒）
	速度-力量	引体向上（不少于2次）	低杠引体向上（不少于7次）
		俯卧撑（不少于9次）	俯卧撑（不少于5次）
		跳远（不少于130厘米）	跳远（不少于125厘米）
	灵活性	坐位体前屈	
高山滑雪	速度	30米蹲踞式起跑（不超过6.5秒）	30米蹲踞式起跑（不超过6.9秒）
	速度-力量	跳远（不少于130厘米）	跳远（不少于125厘米）
		立定跳远（不少于20厘米）	立定跳远（不少于15厘米）
	耐力性	800米跑（不超过6分50秒）	800米跑（不超过7分钟）
	力量	俯卧撑（不少于12次）	俯卧撑（不少于8次）
	强耐力	仰卧起坐（不少于10次）	仰卧起坐（不少于7次）
	协调性	两点往返跑3×10米（不超过10.3秒）	两点往返跑3×10米（不超过10.9秒）
	灵活性	坐位体前屈（不少于3.5厘米）	坐位体前屈（不少于5厘米）

续表

运动项目	身体素质发展	教学训练内容	
		男孩	女孩
		专项体能训练内容与标准	
雪车	速度	站立式起跑30米（不超过5.4秒）	站立式起跑30米（不超过5.6秒）
		30米蹲踞式起跑（不超过4.4秒）	30米蹲踞式起跑（不超过4.6秒）
	速度-力量	仰卧起坐30秒（不少于22次）	仰卧起坐30秒（秒不少于20次）
		跳远（不少于150厘米）	跳远（不少于140厘米）
	力量	引体向上（不少于3次）	引体向上（不少于8次）
	灵活性	坐位体前屈	
	协调性	闭目单脚平衡（手臂胸前交叉，双手触碰肩膀）（不少于3秒）	
钢架雪车	速度	站立式起跑30米（不超过5.4秒）	站立式起跑30米（不超过5.6秒）
		30米蹲踞式起跑（不超过4.4秒）	30米蹲踞式起跑（不超过4.6秒）
	速度-力量	仰卧起坐30秒（不少于22次）	仰卧起坐30秒（不少于20次）
		跳远（不少于130厘米）	跳远（不少于125厘米）
	力量	引体向上（不少于3次）	俯卧撑（不少于8次）
	灵活性	坐位体前屈	
	协调性	闭目单脚平衡（手臂胸前交叉，双手触碰肩膀）（不少于3秒）	
速滑	速度	30米跑（不超过6.6秒）	30米跑（不超过6.9秒）
		60米跑（不超过11.8秒）	60米跑（不超过11.8秒）
		两点往返跑3×10米（不超过9.3秒）	两点往返跑3×10米（不超过9.5秒）
	速度-力量	跳远（不少于135厘米）	跳远（不少于125厘米）
		三级蛙跳（不少于480厘米）	三级蛙跳（不少于470厘米）
		立定跳远（不少于20厘米）	立定跳远（不少于15厘米）
	耐力性	2000米跑	2000米跑
越野滑雪	速度	站立式起跑30米	站立式起跑30米（不超过6.2秒）
		站立式起跑60米（不超过10.8秒）	站立式起跑60米
	速度-力量	跳远（不少于145厘米）	跳远（不少于135厘米）
	力量	俯卧撑（不少于10次）	俯卧撑（不少于5次）
	强耐力	仰卧起坐（不少于15次）	仰卧起坐（不少于10次）

附件　俄罗斯各类冬季项目第 2~5 阶段体育后备人才教学与训练计划

续表

运动项目	身体素质发展	教学训练内容 男孩	教学训练内容 女孩
		专项体能训练内容与标准	
冬季两项	速度	站立式起跑 60 米（不超过 11.2 秒）	站立式起跑 30 米（不超过 11.5 秒）
	速度-力量	500 米越野跑（不超过 2 分钟 10 秒）	500 米越野跑（不超过 2 分钟 30 秒）
		跳远（不少于 150 厘米）	跳远（不少于 140 厘米）
	力量	俯卧撑（不少于 10 次）	俯卧撑（不少于 5 次）
	强耐力	仰卧起坐 30 秒（不少于 15 次）	仰卧起坐 30 秒（不少于 10 次）
	协调性	闭目单脚平衡（手臂胸前交叉，双手触碰肩膀）（不少于 30 秒）	
	灵活性	坐位体前屈（不少于 4 厘米）	坐位体前屈（不少于 5 厘米）
单板滑雪	速度	30 米蹲踞式起跑（不超过 6.5 秒）	30 米蹲踞式起跑（不超过 6.9 秒）
	速度-力量	跳远（不少于 130 厘米）	跳远（不少于 125 厘米）
		立定跳远（不少于 20 厘米）	立定跳远（不少于 15 厘米）
	耐力性	800 米跑（不超过 6 分 50 秒）	800 米跑（不超过 7 分钟）
	力量	俯卧撑（不少于 12 次）	俯卧撑（不少于 8 次）
	强耐力	仰卧起坐（不少于 10 次）	仰卧起坐（不少于 7 次）
	协调性	两点往返跑 3×10 米（不超过 10.3 秒）	两点往返跑 3×10 米（不超过 10.9 秒）
	灵活性	坐位体前屈（不少于 3.5 厘米）	坐位体前屈（不少于 5 厘米）
冰球	速度	站立式起跑 20 米（不超过 4.5 秒）	站立式起跑 20 米（不超过 5.3 秒）
	速度-力量	跳远（不少于 135 厘米）	跳远（不少于 125 厘米）
		俯卧撑（不少于 15 次）	俯卧撑（不少于 10 次）
	协调性	20 米滑行（不超过 4.8 秒）*	20 米滑行（不超过 5.5 秒）
		两点往返滑行 6×9 米（不超过 17.0 秒）*	两点往返滑行 6×9 米（不超过 18.5 秒）
		20 米 8 字向后滑行（不超过 6.8 秒）*	20 米 8 字向后滑行（不超过 7.4 秒）
	灵活性	回转滑行（不超过 13.5 秒）*	回转滑行（不超过 14.5 秒）
		带球回转滑行（不超过 15.5 秒）	带球回转滑行（不超过 17.5 秒）

＊不少于 3 次练习。

表 2　俄罗斯各类冬季运动项目第 3 阶段教学与训练计划

运动项目	身体素质发展	教学训练内容	
		男孩	女孩
		专项体能训练内容与标准	
花样滑冰	速度	30 米跑（不超过 6.7 秒）	30 米跑（不超过 7 秒）
	协调性	两点往返跑 3×10 米（不超过 9 秒）	两点往返跑 3×10 米（不超过 9.1 秒）
		双跳绳 1 分钟（不少于 71 次）	
		单跳绳 1 分钟（不少于 39 次）	
	速度-力量	跳远（不少于 125 厘米）	跳远（不少于 118 厘米）
		立定跳远（不少于 29 厘米）	立定跳远（不少于 26 厘米）
		仰卧起坐 1 分钟（不少于 15 次）	仰卧起坐 1 分钟（不少于 14 次）
		俯卧撑 1 分钟（不少于 14 次）	俯卧撑 1 分钟（不少于 10 次）
	灵活性	前后直臂转肩（宽度不超过 45 厘米）	前后直臂转肩（宽度不超过 35 厘米）
北欧两项	速度	30 米蹲踞式起跑（不超过 5.1 秒）	30 米蹲踞式起跑（不超过 5.6 秒）
	速度-力量	跳远（不少于 200 厘米）	跳远（不少于 190 厘米）
		立定跳远（不少于 35 厘米）	立定跳远（不少于 30 厘米）
		三级蛙跳（不少于 6 米）	三级蛙跳（不少于 5.5 米）
		十级蛙跳（不少于 21 米）	十级蛙跳（不少于 21.5 米）
	耐力性	1000 米跑（不超过 3 分 55 秒）	800 米跑（不超过 4 分 05 秒）
		3000 米越野跑（不超过 11 分钟）	3000 米越野跑（不超过 12 分 30 秒）
雪橇	速度	30 米蹲踞式起跑（不超过 4.2 秒）	30 米蹲踞式起跑（不超过 4.4 秒）
		50 米跑（不超过 9 秒）	50 米跑（不超过 9.3 秒）
	力量	杠铃深蹲（重量不少于体重 50%）	杠铃深蹲（重量不少于体重 50%）
		杠铃高翻（重量不少于体重 40%）	杠铃高翻（重量不少于体重 15%）
	速度-力量	跳远（不少于 175 厘米）	跳远（不少于 150 厘米）
自由式滑雪	速度	60 米蹲踞式起跑（不超过 11.2 秒）	60 米蹲踞式起跑（不超过 11.8 秒）
	速度-力量	跳远（不少于 190 厘米）	跳远（不少于 170 厘米）
		立定跳远（不少于 35 厘米）	立定跳远（不少于 30 厘米）
		三级蛙跳（不少于 4.5 米）	三级蛙跳（不少于 4 米）

附件　俄罗斯各类冬季项目第2～5阶段体育后备人才教学与训练计划

续表

运动项目	身体素质发展	教学训练内容 男孩	教学训练内容 女孩
		专项体能训练内容与标准	
自由式滑雪	耐力性	800米跑（不超过4分钟50秒）	800米跑（不超过5分钟）
	力量	引体向上（不少于5次）	俯卧撑（不少于14次）
	强耐力	仰卧起坐（不少于15次）	仰卧起坐（不少于10次）
	协调性	两点往返跑3×10米（不超过9.3秒）	两点往返跑3×10米（不超过9.6秒）
	灵活性	坐位体前屈（不少于5厘米）	坐位体前屈（不少于7厘米）
冰壶	速度	60米跑（不超过10.8秒）	60米跑（不超过11.2秒）
	耐力性	1000米跑（不超过6分10秒）	1000米跑（不超过6分30秒）
	速度-力量	引体向上（不少于14次）	引体向上（不少于8次）
		俯卧撑（不少于14次）	俯卧撑（不少于8次）
		跳远（不少于160厘米）	跳远（不少于145厘米）
	灵活性	仰卧起坐（不少于20次）	仰卧起坐（不少于18次）
		坐位体前屈练习（不少于3次）	
高山滑雪	速度	60米蹲踞式起跑（不超过11.2秒）	60米蹲踞式起跑（不超过11.8秒）
	速度-力量	跳远（不少于160厘米）	跳远（不少于150厘米）
		立定跳远（不少于35厘米）	立定跳远（不少于30厘米）
		三级蛙跳（不少于4.5米）	三级蛙跳（不少于4米）
	耐力性	800米跑（不超过4分50秒）	800米跑（不超过5分钟）
	力量	引体向上（不少于5次）	俯卧撑（不少于14次）
	强耐力	仰卧起坐（不少于15次）	仰卧起坐（不少于10次）
	协调性	两点往返跑3×10米（不超过9.3秒）	两点往返跑3×10米（不超过9.6秒）
	灵活性	坐位体前屈（不少于5厘米）	坐位体前屈（不少于7厘米）
雪车	速度	30米站立式起跑（不超过4.5秒）	30米站立式起跑（不超过4.7秒）
		30米蹲踞式起跑（不超过3.7秒）	30米蹲踞式起跑（不超过3.9秒）
		50米站立式起跑（不超过6.9秒）	50米站立式起跑（不超过7.4秒）
	速度-力量	跳远（不少于185厘米）	跳远（不少于155厘米）

续表

运动项目	身体素质发展	教学训练内容	
		男孩	女孩
		专项体能训练内容与标准	
雪车	力量	杠铃深蹲（重量不少于体重70%）	杠铃深蹲（重量不少于体重35%）
		杠铃卧推（不少于50千克）	杠铃卧推（不少于25千克）
		杠铃高翻（不少于50千克）	杠铃高翻（不少于50千克）
	灵活性	坐位体前屈（不少于3次）	
	协调性	转圈平衡测试（睁开眼睛，双手叉腰，旋转）（7圈不超过25秒）	
钢架雪车	速度	站立式起跑30米（不超过4.6秒）	站立式起跑30米（不超过4.8秒）
		30米蹲踞式起跑（不超过3.7秒）	30米蹲踞式起跑（不超过3.9秒）
		50米蹲踞式起跑（不超过7.4秒）	50米蹲踞式起跑（不超过8秒）
	速度-力量	跳远（不少于160厘米）	跳远（不少于145厘米）
	力量	杠铃深蹲（重量不少于体重70%）	杠铃深蹲（重量不少于体重35%）
		杠铃卧推（不少于40千克）	杠铃卧推（不少于20千克）
		杠铃高翻（不少于50千克）	杠铃高翻（不少于50千克）
	灵活性	坐位体前屈（不少于3次）	
	协调性	转圈平衡测试（睁开眼睛，双手放在腰上，旋转）（7圈不少于25秒）	
速滑	速度	30米跑（不超过5.5秒）	30米跑（不超过5.7秒）
		60米跑（不超过9.6秒）	60米跑（不超过9.9秒）
	速度-力量	跳远（不少于180厘米）	跳远（不少于175厘米）
		三级蛙跳（不少于530厘米）	三级蛙跳（不少于515厘米）
	耐力性	1500米跑（不超过6分钟）	1000米跑（不超过4分30秒）
		3000米跑（不超过13分钟）	—
越野滑雪	速度	60米站立式起跑	60米站立式起跑（不超过10.8秒）
		100米站立式起跑（不超过16.0秒）	100米站立式起跑
	速度-力量	跳远（不少于170厘米）	跳远（不少于155厘米）
	耐力性	1000米站立式起跑（不超过4分钟）	1000米站立式起跑（不超过4分15秒）

附件　俄罗斯各类冬季项目第 2~5 阶段体育后备人才教学与训练计划

续表

运动项目	身体素质发展	教学训练内容 男孩	教学训练内容 女孩
		专项体能训练内容与标准	
越野滑雪	强耐力	3 公里经典式越野滑雪	3 公里经典式越野滑雪（不超过 15 分 20 秒）
		5 公里经典式越野滑雪（不超过 21 分）	5 公里经典式越野滑雪
		3 公里自由式越野滑雪	3 公里自由式越野滑雪（不超过 14 分 30 秒）
		5 公里自由式越野滑雪（不超过 20 分）	5 公里自由式越野滑雪
冬季两项	速度	60 米站立式起跑（不超过 9 秒）	60 米站立式起跑（不超过 9.6 秒）
		100 米站立式起跑（不超过 15.3 秒）	100 米站立式起跑（不超过 16.7 秒）
	耐力性	1 公里越野跑（不超过 4 分钟）	1 公里越野跑（不超过 4 分钟 20 秒）
	强耐力	3 公里自由式越野滑雪（不超过 13 分钟）	3 公里自由式越野滑雪（不超过 15 分钟）
		30 秒仰卧起坐（不少于 25 次）	30 秒仰卧起坐（不少于 15 次）
	速度-力量	跳远（不少于 170 厘米）	跳远（不少于 160 厘米）
	力量	引体向上（不少于 7 次）	引体向上（不少于 4 次）
单板滑雪	速度	30 米蹲踞式起跑（不超过 6.3 秒）	30 米蹲踞式起跑（不超过 6.5 秒）
	速度-力量	跳远（不少于 160 厘米）	跳远（不少于 150 厘米）
		立定跳远（不少于 35 厘米）	立定跳远（不少于 30 厘米）
		三级蛙跳（不少于 4.5 米）	三级蛙跳（不少于 4 米）
	耐力性	跑 6 分钟（不少于 1100 米）	跑 6 分钟（不少于 900 米）
	力量	引体向上（不少于 5 次）	俯卧撑（不少于 14 次）
	强耐力	仰卧起坐（不少于 15 次）	仰卧起坐（不少于 10 次）
	协调性	两点往返跑 3×10 米（不超过 9.3 秒）	两点往返跑 3×10 米（不超过 9.6 秒）
	灵活性	坐位体前屈（不少于 5 厘米）	坐位体前屈（不少于 7 厘米）

续表

运动项目	身体素质发展	教学训练内容	
		男孩	女孩
		专项体能训练内容与标准	
冰球	速度	站立式起跑 30 米（不超过 5.5 秒）*	站立式起跑 30 米（不超过 5.8 秒）
	速度-力量	跳远（不少于 160 厘米）*	跳远（不少于 145 厘米）
	力量	引体向上（不少于 5 次）*	引体向上
		俯卧撑*	俯卧撑（不少于 12 次）
	耐力性	站立式起跑 1 公里（不超过 5.50 秒）*	站立式起跑 1 公里（不超过 6.20 秒）
	协调性	两点往返滑行 6×9 米（不超过 16.5 秒）**	两点往返滑行 6×9 米（不超过 17.5 秒）
	灵活性	30 米滑行（不超过 5.8 秒）**	30 米滑行（不超过 6.4 秒）
		30 米 8 字向后滑行（不超过 7.3 秒）**	30 米 8 字向后滑行（不超过 7.9 秒）
		回转滑行（不超过 12.5 秒）**	回转滑行（不超过 13.0 秒）
	灵活性	带球回转滑行（不超过 14.5 秒）**	带球回转滑行（不超过 15.0 秒）
		球门前 8 字向前和向后滑行（不超过 42 秒）***	球门前 8 字向前和向后滑行（不超过 45 秒）
		球门前 8 字向后滑行（不超过 43 秒）***	球门前 8 字向后滑行（不超过 47 秒）

*不少于 3 次练习；**针对防守和前锋球员；***守门员必须练习。

表 3　俄罗斯各类冬季运动项目第 4 阶段教学与训练计划

运动项目	身体素质发展	教学训练内容	
		男孩	女孩
		专项体能训练内容与标准	
花样滑冰	速度	60 米跑（不超过 10.5 秒）	60 米跑（不超过 11 秒）
	耐力	1000 米跑（不超过 4 分 50 秒）	1000 米跑（不超过 4 分 90 秒）
	协调性	两点往返跑 3×10 米（不超过 8.3 秒）	两点往返跑 3×10 米（不超过 8.5 秒）

附件　俄罗斯各类冬季项目第 2～5 阶段体育后备人才教学与训练计划

续表

运动项目	身体素质发展	教学训练内容	
		男孩	女孩
		专项体能训练内容与标准	
花样滑冰	协调性	双跳绳，每分钟不少于 170 次	
		单跳绳，每分钟不少于 85 次	
	速度-力量	跳远（不少于 181 厘米）	跳远（不少于 171 厘米）
		立定跳远（不少于 41 厘米）	立定跳远（不少于 35 厘米）
	力量	两手从脑后扔一个重达 2 千克球（不少于 386 厘米）	两手从脑后扔一个重达 2 千克球（不少于 311 厘米）
		引体向上（不少于 10 次）	引体向上（不少于 6 次）
北欧两项	速度	100 米蹲踞式起跑（不超过 12.6 秒）	100 米蹲踞式起跑（不超过 12.9 秒）
	速度-力量	跳远（不少于 250 厘米）	跳远（不少于 235 厘米）
		立定跳远（不少于 55 厘米）	立定跳远（不少于 50 厘米）
		三级蛙跳（不少于 7.6 米）	三级蛙跳（不少于 7.4 米）
		十级蛙跳（不少于 26.5 米）	十级蛙跳（不少于 25.5 米）
	耐力性	3000 米越野跑（不超过 10 分钟）	3000 米越野跑（不超过 11 分钟）
		5000 米越野跑（不超过 17 分钟）	5000 米越野跑（不超过 19 分钟）
雪橇	速度	30 米蹲踞式起跑（不超过 3.6 秒）	30 米蹲踞式起跑（不超过 3.9 秒）
		50 米跑（不超过 8 秒）	50 米跑（不超过 8.4 秒）
	力量	杠铃深蹲（重量不少于体重 110%）	杠铃深蹲（重量不少于体重 100%）
		杠铃高翻（重量不少于体重 70%）	杠铃高翻（重量不少于体重 40%）
	速度-力量	跳远（不少于 225 厘米）	跳远（不少于 205 厘米）
自由式滑雪	速度	100 米跑（不超过 14 秒）	100 米跑（不超过 14.5 秒）
	速度-力量	跳远（不少于 225 厘米）	跳远（不少于 210 厘米）
		立定跳远（不少于 45 厘米）	立定跳远（不少于 38 厘米）
		三级蛙跳（不少于 7 米）	三级蛙跳（不少于 6.5 米）
	力量	引体向上（不少于 10 次）	俯卧撑（不少于 20 次）
	强耐力	仰卧起坐（不少于 30 次）	仰卧起坐（不少于 27 次）
	协调性	两点往返跑 3×10 米（不超过 8 秒）	两点往返跑 3×10 米（不超过 8.5 秒）

续表

运动项目	身体素质发展	教学训练内容 男孩	教学训练内容 女孩
		专项体能训练内容与标准	
冰壶	灵活性	坐位体前屈（不少于7厘米）	坐位体前屈（不少于10厘米）
	速度	100米跑（不超过14.3秒）	100米跑（不超过17.6秒）
	耐力性	2000米跑（不超过8分50秒）	2000米跑（不超过11分钟）
	速度-力量	引体向上（不少于10次）	低杠引体向上（不少于18次）
		俯卧撑（不少于21次）	俯卧撑（不少于15次）
		跳远（不少于210厘米）	跳远（不少于175厘米）
		仰卧起坐1分钟（不少于40次）	仰卧起坐1分钟（不少于30次）
高山滑雪	灵活性	坐位体前屈（不少于8厘米）	坐位体前屈（不少于9厘米）
	速度	100米跑（不超过14秒）	100米跑（不超过14.5秒）
	速度-力量	跳远（不少于225厘米）	跳远（不少于210厘米）
		立定跳远（不少于45厘米）	立定跳远（不少于38厘米）
		三级蛙跳（不少于7米）	三级蛙跳（不少于6.5米）
	耐力性	跑6分钟（不少于1400米）	跑6分钟（不少于1250米）
	力量	引体向上（不少于10次）	俯卧撑（不少于20次）
	强耐力	仰卧起坐（不少于30次）	仰卧起坐（不少于27次）
	协调性	两点往返跑3×10米（不超过8秒）	两点往返跑3×10米（不超过8.5秒）
雪车	灵活性	坐位体前屈（不少于7厘米）	坐位体前屈（不少于10厘米）
	速度	站立式起跑30米（不超过4秒）	站立式起跑30米（不超过4.2秒）
		30米蹲踞式起跑（不超过3.45秒）	30米蹲踞式起跑（不超过3.6秒）
		站立式起跑50米（不超过6.4秒）	站立式起跑50米（不超过7.1秒）
	速度-力量	跳远（不少于230厘米）	跳远（不少于185厘米）
	力量	杠铃深蹲（重量不少于体重140%）	杠铃深蹲（重量不少于体重85%）
		杠铃卧推（不少于115千克）	杠铃卧推（不少于55千克）
		杠铃高翻（不少于80千克）	杠铃高翻（不少于70千克）
	灵活性	坐位体前屈（不少于5次）	
	协调性	转圈平衡测试（睁开眼睛，双手叉腰，旋转）（7圈不超过20秒）	

附件　俄罗斯各类冬季项目第 2～5 阶段体育后备人才教学与训练计划

续表

运动项目	身体素质发展	教学训练内容	
		男孩	女孩
		专项体能训练内容与标准	
钢架雪车	速度	站立式起跑 30 米（不超过 4.1 秒）	站立式起跑 30 米（不超过 4.2 秒）
		30 米蹲踞式起跑（不超过 3.45 秒）	30 米蹲踞式起跑（不超过 3.6 秒）
		50 米蹲踞式起跑（不超过 6.9 秒）	50 米蹲踞式起跑（不超过 7.5 秒）
	速度-力量	跳远（不少于 215 厘米）	跳远（不少于 180 厘米）
	力量	杠铃深蹲（重量不少于体重 140%）	杠铃深蹲（重量不少于体重 85%）
		杠铃卧推（不少于 95 千克）	杠铃卧推（不少于 50 千克）
		杠铃高翻（不少于 80 千克）	杠铃高翻（不少于 65 千克）
	灵活性	坐位体前屈（不少于 5 次）	
	协调性	转圈平衡测试（睁开眼睛，双手叉腰，旋转）（7 圈不超过 20 秒）	
速滑	速度	30 米跑（不超过 4.7 秒）	30 米跑（不超过 5 秒）
		60 米跑（不超过 8.7 秒）	60 米跑（不超过 9 秒）
	速度-力量	跳远（不少于 230 厘米）	跳远（不少于 215 厘米）
		三级蛙跳（不少于 650 厘米）	三级蛙跳（不少于 615 厘米）
	耐力性	1500 米跑（不超过 5 分 3 秒）	1500 米跑（不超过 4 分钟）
		3000 米跑（不超过 11 分 4 秒）	—
越野滑雪	速度	站立式起跑 100 米（不超过 14.0 秒）	站立式起跑 100 米（不超过 15.2 秒）
	速度-力量	跳远（不少于 230 厘米）	跳远（不少于 200 厘米）
	耐力性	站立式起跑 1000 米（不超过 3 分 10 秒）	站立式起跑 1000 米（不超过 3 分 30 秒）
		2 公里越野跑	2 公里越野跑（不超过 8 分 35 秒）
		3 公里越野跑（不超过 9 分 40 秒）	3 公里越野跑
	强耐力	3 公里经典式越野滑雪	3 公里经典式越野滑雪（不超过 10 分 30 秒）
		5 公里经典式越野滑雪（不超过 15 分 10 秒）	5 公里经典式越野滑雪（不超过 17 分 40 秒）
		10 公里经典式越野滑雪（不超过 31 分钟）	10 公里经典式越野滑雪

续表

运动项目	身体素质发展	教学训练内容	
		男孩	女孩
		专项体能训练内容与标准	
越野滑雪	强耐力	3公里自由式越野滑雪	3公里自由式越野滑雪（不超过9分45秒）
		5公里自由式越野滑雪（不超过14分45秒）	5公里自由式越野滑雪（不超过17分钟）
		10公里自由式越野滑雪（不超过28分30秒）	10公里自由式越野滑雪
冬季两项	速度	100米蹲踞式起跑（不超过13.4秒）	30米蹲踞式起跑（不超过15.7秒）
	耐力	3公里越野跑（不超过11分钟）	3公里越野跑
		2公里越野跑	2公里越野跑（不超过8分35秒）
	强耐力	10公里自由式越野滑雪（不超31分10秒）	10公里自由式越野滑雪
	强耐力	5公里自由式越野滑雪	5公里自由式越野滑雪（不超过17分10秒）
	速度-力量	跳远（不少于230厘米）	跳远（不少于190厘米）
	力量	引体向上（不少于14次）	引体向上（不少于6次）
	协调性	双杠支撑收腹举腿（不少于25次）	双杠支撑收腹举腿（不少于15次）
单板滑雪	速度	100米跑（不超过14秒）	100米跑（不超过14.5秒）
	速度-力量	跳远（不少于225厘米）	跳远（不少于200厘米）
		立定跳远（不少于45厘米）	立定跳远（不少于38厘米）
		三级蛙跳（不少于7米）	三级蛙跳（不少于6.5米）
	耐力性	跑6分钟（不少于1400米）	跑6分钟（不少于1250米）
	力量	引体向上（不少于10次）	俯卧撑（不少于20次）
	强耐力	仰卧起坐（不少于30次）	仰卧起坐（不少于27次）
	协调性	两点往返跑3×10米（不超过8秒）	两点往返跑3×10米（不超过8.5秒）
	灵活性	坐位体前屈（不少于7厘米）	坐位体前屈（不少于10厘米）
冰球	速度	站立式起跑30米（不超过4.7秒）*	站立式起跑30米（不超过5.0秒）
	速度-力量	五级蛙跳（不少于11.70米）*	五级蛙跳（不少于9.30米）

附件　俄罗斯各类冬季项目第 2~5 阶段体育后备人才教学与训练计划

续表

运动项目	身体素质发展	教学训练内容 男孩	教学训练内容 女孩
		专项体能训练内容与标准	
冰球	力量	引体向上（不少于 12 次）*	引体向上
		俯卧撑*	俯卧撑（不少于 15 次）
		杠铃深蹲，重量等于体重（不少于 7 次）*	杠铃深蹲，重量等于体重
	速度	站立式起跑 400 米（不超过 1 分 05 秒）*	站立式起跑 400 米（不超过 1 分 10 秒）
	耐力性	3 公里站立式起跑（不超过 13 分钟）*	3 公里站立式起跑（不超过 15 分钟）
	协调性	两点往返滑行 5×54 米（不超过 48 秒）**	两点往返滑行 6×9 米（不超过 54 秒）
	灵活性	30 米滑行（不超过 4.7 秒）**	30 米滑行（不超过 5.3 秒）
		8 字向后滑行（不超过 25 秒）**	8 字向后滑行（不超过 30 秒）
		球门前 8 字向前和向后滑行（不超过 40 秒）***	球门前 8 字向前和向后滑行（不超过 45 秒）
		球门前 8 字向后滑行（不超过 39 秒）***	球门前 8 字向后滑行（不超过 43 秒）

* 不少 3 次练习；** 针对防守和前锋球员；*** 守门员必须练习。

表 4　俄罗斯各类冬季运动项目第 5 阶段教学与训练计划

运动项目	身体素质发展	教学训练内容 男孩	教学训练内容 女孩
		专项体能训练内容与标准	
花样滑冰	速度	60 米跑（不超过 9.9 秒）	60 米跑（不超过 10.3 秒）
		400 米跑（不超过 81.3 秒）	400 米跑（不超过 84.5 秒）
	协调性	旋转 5 圈（不超过 2.77 秒）	旋转 5 圈（不超过 2.55 秒）
		单脚（站立）保持平衡（不少于 2.5 秒）	单腿（站立）保持平衡（不少于 2.4 秒）
	速度-力量	跳远（不少于 175 厘米）	跳远（不少于 169 厘米）
		俯卧撑（不少于 20 次）	俯卧撑（不少于 15 次）

续表

运动项目	身体素质发展	教学训练内容 男孩	教学训练内容 女孩
		专项体能训练内容与标准	
	速度-力量	仰卧起坐（不少于16次）	
		多级蛙跳20米（不超过4.7秒）	
北欧两项	速度	100米蹲踞式起跑（不超过12.1秒）	100米蹲踞式起跑（不超过12.4秒）
	速度-力量	跳远（不少于280厘米）	跳远（不少于265厘米）
		立定跳远（不少于65厘米）	立定跳远（不少于60厘米）
		三级蛙跳（不少于8.2米）	三级蛙跳（不少于8米）
		十级蛙跳（不少于29.5米）	十级蛙跳（不少于28.5米）
	耐力性	3000米越野跑（不超过9分钟）	3000米越野跑（不超过10分钟）
		5000米越野跑（不超过16分30秒）	5000米越野跑（不超过17分钟）
雪橇	速度	30米蹲踞式起跑（不超过3.2秒）	30米蹲踞式起跑（不超过3.4秒）
		50米跑（不超过7.1秒）	50米跑（不超过7.7秒）
	力量	杠铃深蹲（重量不少于体重150%）	杠铃深蹲（重量不少于体重130%）
		杠铃高翻（重量不少于体重100%）	杠铃高翻（重量不少于体重60%）
	速度-力量	跳远（不少于225厘米）	跳远（不少于205厘米）
自由式滑雪	速度	100米跑（不超过13.5秒）	60米跑（不超过14秒）
	速度-力量	跳远（不少于235厘米）	跳远（不少于215厘米）
		立定跳远（不少于55厘米）	立定跳远（不少于45厘米）
		三级蛙跳（不少于7.5米）	三级蛙跳（不少于7米）
	力量	引体向上（不少于15次）	俯卧撑（不少于30次）
	强耐力	仰卧起坐（不少于45次）	仰卧起坐（不少于40次）
	协调性	两点往返跑3×10米（不超过7.5秒）	两点往返跑3×10米（不超过8秒）
	灵活性	坐位体前屈（不少于8厘米）	坐位体前屈（不少于10厘米）
冰壶	速度	100米跑（不超过13.8秒）	100米跑（不超过16.3秒）
	耐力性	3000米跑（不超过13分10秒）	2000米跑（不超过9分50秒）

附件　俄罗斯各类冬季项目第 2~5 阶段体育后备人才教学与训练计划

续表

运动项目	身体素质发展	教学训练内容	
		男孩	女孩
		专项体能训练内容与标准	
冰壶	速度-力量	引体向上（不少于 13 次）	低杠引体向上（不少于 19 次）
		俯卧撑（不少于 24 次）	俯卧撑（不少于 16 次）
		跳远（不少于 230 厘米）	跳远（不少于 185 厘米）
		仰卧起坐 1 分钟（不少于 45 次）	仰卧起坐 1 分钟（不少于 40 次）
	灵活性	坐位体前屈（不少于 9 厘米）	坐位体前屈（不少于 11 厘米）
高山滑雪	速度	100 米跑（不超过 13.5 秒）	100 米跑（不超过 14 秒）
	速度-力量	跳远（不少于 235 厘米）	跳远（不少于 215 厘米）
		立定跳远（不少于 55 厘米）	立定跳远（不少于 45 厘米）
		三级蛙跳（不少于 7.5 米）	三级蛙跳（不少于 7 米）
	力量	引体向上（不少于 15 次）	俯卧撑（不少于 30 次）
	耐力性	跑 6 分钟（不少于 1600 米）	跑 6 分钟（不少于 1400 米）
	强耐力	仰卧起坐（不少于 45 次）	仰卧起坐（不少于 40 次）
	协调性	两点往返跑 3×10 米（不超过 7.5 秒）	两点往返跑 3×10 米（不超过 8 秒）
	灵活性	坐位体前屈（不少于 8 厘米）	坐位体前屈（不少于 10 厘米）
雪车	速度	站立式起跑 30 米（不超过 3.7 秒）	站立式起跑 30 米（不超过 3.9 秒）
		30 米蹲踞式起跑（不超过 3.2 秒）	30 米蹲踞式起跑（不超过 3.4 秒）
		站立式起跑 50 米（不超过 6 秒）	站立式起跑 50 米（不超过 7 秒）
	速度-力量	跳远（不少于 240 厘米）	跳远（不少于 230 厘米）
	力量	杠铃深蹲（重量不少于体重 170%）	杠铃深蹲（重量不少于体重 100%）
		杠铃卧推（不少于 120 千克）	杠铃卧推（不少于 70 千克）
		杠铃高翻（不少于 110 千克）	杠铃高翻（不少于 85 千克）
	灵活性	坐位体前屈（不少于 6 次）	
	协调性	转圈平衡测试（睁开眼睛，双手叉腰，旋转）（7 圈不超过 20 秒）	
钢架雪车	速度	站立式起跑 30 米（不超过 3.7 秒）	站立式起跑 30 米（不超过 3.9 秒）
		30 米蹲踞式起跑（不超过 3.2 秒）	30 米蹲踞式起跑（不超过 3.4 秒）
		50 米蹲踞式起跑（不超过 6 秒）	50 米蹲踞式起跑（不超过 7 秒）

续表

运动项目	身体素质发展	教学训练内容	
		男孩	女孩
		专项体能训练内容与标准	
铁架雪车	速度-力量	跳远（不少于235厘米）	跳远（不少于225厘米）
	力量	杠铃深蹲（重量不少于体重170%）	杠铃深蹲（重量不少于体重100%）
		杠铃卧推（不少于100千克）	杠铃卧推（不少于55千克）
		杠铃高翻（不少于90千克）	杠铃高翻（不少于75千克）
	灵活性	坐位体前屈（不少于6次）	
	协调性	转圈平衡测试（睁开眼睛，双手叉腰，旋转）（7圈不超过20秒）	
速滑	速度	100米跑（不超过12.7秒）	100米跑（不超过15.0秒）
	速度-力量	十级蛙跳（不少于26米）	十级蛙跳（不少于23米）
	耐力性	2000米轮滑（不超过5分4秒）	2000米轮滑（不超过5分30秒）
		1500米跑（不超过5分钟）	1500米跑（不超过5分45秒）
		3000米跑（不超过10分15秒）	3000米跑（不超过11分44秒）
越野滑雪	速度	站立式起跑100米（不超过13.1秒）	站立式起跑100米（不超过15.0秒）
	速度-力量	跳远（不少于240厘米）	跳远（不少于205厘米）
	耐力性	站立式起跑1000米（不超过3分钟）	站立式起跑1000米（不超过3分20秒）
		2公里越野跑	2公里越野跑（不超过8分15秒）
		3公里越野跑（不超过9分20秒）	3公里越野跑
	强耐力	3公里经典式越野滑雪	3公里经典式越野滑雪（不超过10分15秒）
		5公里经典式越野滑雪（不超过14分50秒）	5公里经典式越野滑雪（不超过17分20秒）
		10公里经典式越野滑雪（不超过30分30秒）	10公里经典式越野滑雪
		3公里自由式越野滑雪	3公里自由式越野滑雪（不超过9分30秒）
		5公里自由式越野滑雪（不超过14分25秒）	5公里自由式越野滑雪（不超过16分40秒）

附件　俄罗斯各类冬季项目第2~5阶段体育后备人才教学与训练计划

续表

运动项目	身体素质发展	教学训练内容 男孩	教学训练内容 女孩
		专项体能训练内容与标准	
冬季两项	强耐力	10公里自由式越野滑雪（不超过28分钟）	10公里自由式越野滑雪
	速度	100米蹲踞式起跑（不超过12.7秒）	100米蹲踞式起跑（不超过15秒）
	耐力性	3公里越野跑（不超过9.55分钟）	3公里越野跑
		2公里越野跑	2公里越野跑（不超过8分15秒）
	强耐力	10公里自由式越野滑雪（不超31分10秒）	10公里自由式越野滑雪
		5公里自由式越野滑雪	5公里自由式越野滑雪（不超17分10秒）
	速度-力量	跳远（不少于240厘米）	跳远（不少于200厘米）
	力量	引体向上（不少于20次）	引体向上（不少于7次）
		俯卧撑（不少于40次）	俯卧撑（不少于30次）
	协调性	双杠支撑收腹举腿（不少于28次）	双杠支撑收腹举腿（不少于20次）
单板滑雪	速度	100米跑（不超过13.5秒）	100米跑（不超过14秒）
	速度-力量	跳远（不少于235厘米）	跳远（不少于215厘米）
		立定跳远（不少于55厘米）	立定跳远（不少于45厘米）
		三级蛙跳（不少于7.5米）	三级蛙跳（不少于7米）
	力量	引体向上（不少于15次）	俯卧撑（不少于30次）
	强耐力	仰卧起坐（不少于45次）	仰卧起坐（不少于40次）
	协调性	两点往返跑3×10米（不超过7.5秒）	两点往返跑3×10米（不超过8秒）
	灵活性	坐位体前屈（不少于8厘米）	坐位体前屈（不少于10厘米）
冰球	速度	站立式起跑30米（不超过4.2秒）*	站立式起跑30米（不超过5.0秒）
		400米站立式起跑（不超过1分03秒）*	400米站立式起跑（不超过1分08秒）
	速度-力量	五级蛙跳（不少于12米）*	五级蛙跳（不少于10米）

续表

运动项目	身体素质发展	教学训练内容	
		男孩	女孩
		专项体能训练内容与标准	
冰球	力量	引体向上（不少于45次）*	引体向上
		俯卧撑*	俯卧撑（不少于22次）
		杠铃深蹲，重量等于体重100%（不少于20次）*	杠铃深蹲，重量等于体重100%（不少于10次）
	耐力性	3公里站立式起跑（不超过12分30秒）*	3公里站立式起跑（不超过14分30秒）
	协调性	两点往返滑行5×54米（不超过45秒）**	两点往返滑行6×9米（不超过50秒）
	灵活性	30米滑行（不超过4.3秒）**	30米滑行（不超过4.8秒）
		8字向后滑行（不超过22秒）**	8字向后滑行（不超过26秒）
		球门前8字向前和向后滑行（不超过35秒）***	球门前8字向前和向后滑行（不超过42秒）
		球门前8字向后滑行（不超过35秒）***	球门前8字向后滑行（不超过39秒）

*不少3次练习；**针对防守和前锋球员；***守门员必须练习。